メルリックス学院代表
佐藤 正憲・著
Sato Masanori

あなただけの
医学部合格への道標

産学社

はじめに

わたしは大手家庭教師派遣会社に2001年から勤務し、2018年からメルリックス学院大阪校代表に着任して、800名以上の医学部合格をした生徒さんに関わらせていただくご縁に恵まれました。

本書を執筆していく中で、生徒さんの数だけ悲喜こもごものサクセスストーリーがあることを改めて実感する次第です。

ただし、いつも思うのは医学部受験において道標となる体系だった書籍が少ないことです。医学部受験を志して相談にみえる方も毎回、体系だった情報を欲しているように見えます。その意味では医学部受験情報においては、メルリックス学院、メルリックス学院受験情報センターは先駆的役割を担わせていただいてきたと自負しています。

そのような要望に沿ってこれだけのことを把握されていれば、医学部合格においてご自身の道標が作り出せるような目的でまとめたものが本書です。

世に医学部合格ノウハウ本は多数存在しますが、筆者が主張したい内容を基にというよりは受験生が本当に欲している情報は何か、多数、医学部受験生やそのご父兄と面談を重ねていく中で培ってきた体験をベースに、私なりに受験生の側に立って真に欲しい情報を考えて執筆したつもりです。

一人でも多くの方々にこの本を読んでいただき、医学部受験において新たな視点形成に役立てていただけることを願ってやみません。

今後、このような内容のことも記事にして欲しいというご要望がございましたら何なりと出していただきたく思っています。また、新たな情報を改訂版やブログ等で取り上げていきたいと考えています。

最後に、本書を刊行するにあたり、データ提供含め、多大なるご協力をいただいた河合塾近畿地区医学科進学情報センターの山口和彦センター長。セントメプレスの中野俊一学長。メルリックス学院情報センター　鈴村倫衣情報センター長に紙面をかりて御礼申し上げます。

また、日々、現場で熱く生徒さんに向き合ってくださって原稿作成にも多大なるご協力いただいたメルリックス学院校舎長、講師諸氏、スタッフ諸氏に心より感謝申し上げます。

佐藤正憲《さとうまさのり》

目次　あなただけの医学部合格への道標

DTP　株式会社 西崎印刷（河岡 隆）
カバーデザイン　中西 啓一（Panix）

第1章　医学部受験を取り巻く環境

30年前の指標と比較すると（巻末資料を参照下さい）、医学部の難易度が爆発的に高くなっています。

バブル崩壊後、今後の世情への不安からうなぎ上りに私立医学部の志願者数が伸びていますが、リーマンショック後の世情不安から2012年から2014年にかけて志願者数が激増し、その後は2018年問題や東京医大の不正入試発覚、コロナの影響で若干志願者が減少し続けたものの2023年にかけてはまたしても上昇機運を見せています。18歳人口が減り続ける中、依然、勢いが衰えない医学部受験をいかにして突破するか一緒に考えていきたいと思います。

1　国公立大学医学部医学科の近年の動向

国公立大学医学部一般選抜の志願状況は前期、後期日程合わせて下の表をご覧いただければわかるように、5年間ほぼ横ばいです。志願者数が25，000人を割った2020年度以降、国公立医学部医学科の一般志願者数は2万人台前半で推移しています。

もう一つの傾向として、学校推薦型選抜、総合型選抜を実施する大学は年々増え続けており、2023年度入試では50校中48校に上ります。その大半は地域枠かつ共通テスト利用である点が特徴です。共通テストを課さない学校推薦型選抜、総合型選抜は東北大学AO入試Ⅰや筑波

私立医学部医学科志願者数

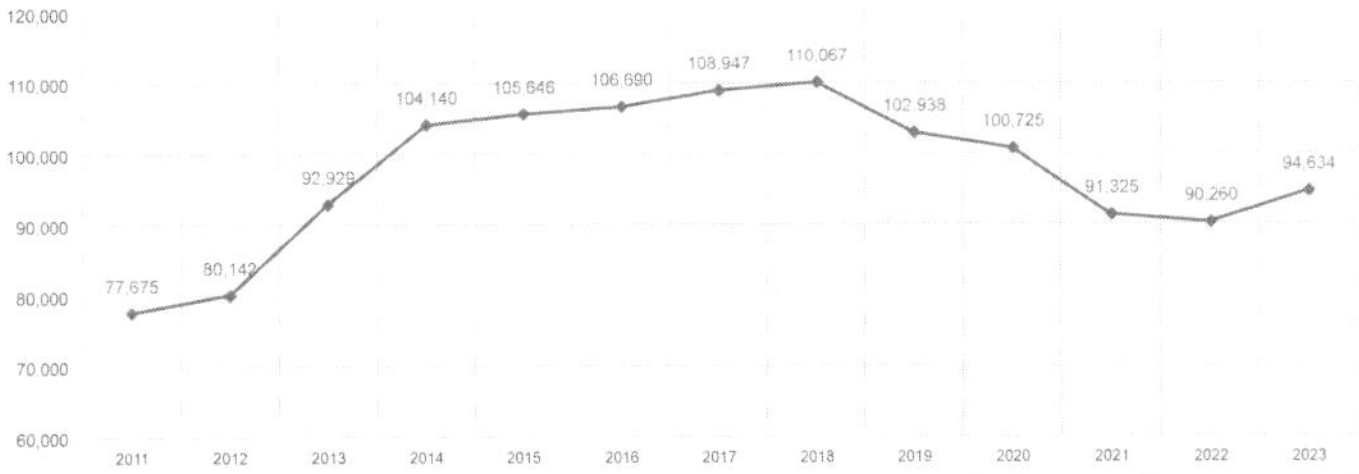

国公立大学医学部一般選抜志願状況　（人）

	2023年度			2022年度			2021年度		
	前期	後期	計	前期	後期	計	前期	後期	計
募集人数	3,584	351	3,935	3,600	408	4,008	3,636	363	3,999
志願者数	15,960	7,549	23,509	14,773	7,110	21,883	15,087	7,255	22,342
志願倍率	4.45倍	21.51倍	5.97倍	4.10倍	17.43倍	5.46倍	4.15倍	19.99倍	5.59倍

大学推薦、福島県立医科大学総合型、高知大学総合型Ⅰなど数える程度しかありません。そのためほとんどの国公立大学医学部志望の受験生は共通テストをはじめ、学力試験の準備をした上で推薦だけでなく一般にも出願することがほとんどです。２０２３年度の時点で学校推薦型選抜、総合型選抜を行っていない国公立大学は九州大学と千葉大学の２校のみです。

◆前期の地区別では東海、北陸、北海道、東北が増加　中国、四国が減少

国公立大学医学部前期日程の志願者動向を見ると、北海道、東北、東海地方が前年から大きく増加し、四国地方が大きく減少しています。国公立全体では北関東、首都圏、東海、中国地方が微増で後は減少であり、国公立医学部は国公立大学の他学部と全く異なった動きを見せています。

また、国公立大学医学部の特徴として、極端に共通テス

国公立大学医学部前期日程 地区別一般選抜志願状況

（人）

地区	2023年度	2022年度	前年比	2021年度
北海道	926	773	119.8%	891
東北	1,919	1,570	122.2%	1,422
北関東	482	487	99.0%	394
首都圏	1,302	1,280	101.7%	1,336
北陸・甲信越	1,644	1,562	105.2%	1,510
東海	1,886	1,435	131.4%	1,642
近畿	2,016	2,055	98.1%	1,941
中国	2,146	2,017	106.4%	1,909
四国	1,072	1,318	81.3%	1,419
九州・沖縄	2,567	2,554	100.5%	2,309

トリサーチの結果が低く出た大学に受験生が集まる傾向にあります。2023年度入試でいえば福島県立医科大学と浜松医科大学がそれに該当します。

最後に地域枠の代名詞として和歌山県立医科大学で診療科指定枠として始まった「県民医療枠C」についても紹介させていただきます。大学から公表された結果には、診療科指定のない県民枠Aと合わせた数しか公表されていませんが、AとB合わせて12名程度募集の中、志願者44名、受験者35名、合格者12名でした。合格者最低点は県民枠Aのみの公表ですが、一般枠よりは低い点数となっています。私立だけではなく、国公立医学部においても地域枠が入りやすい一つの事例といえます。

さらに詳細事項に関しては第5章でふれることにします。

2　私立大学医学部医学科の分析

◆志願者数は5年ぶりに増加したものの共通テスト利用が牽引

2023年度入試の私立医学部の志願者数は5年ぶりに増加しました。一般選抜の志願者数は1・4%増の80，972人でしたが、共通テスト利用は１３、４３３人（前年比32・９％増加）で、共通テスト利用の志願者数の増加が大きかったのです。センター試験から共通テストに変わってから私立医学部の共通テスト利用者数は減少してきました。ですが、２０２３年度の共通テスト利用者数は１３、４３３人になり、２０２０年度の私立医学部センター利用者数を上回りました。

今後は、私立医学部受験者層の共通テスト利用の割合にも目が離せません。

◆一般後期は減少傾向

私立医学部の約３分の１に当たる11校が実施している一般後期ですが、２０２３年度の一般後期志願者数は前年比６・２％の減少でした。

前年より志願者が増えたのは日本医科大学、大阪医科薬科大学、近畿大学の３校であり、一般後期の志願者数は伸び悩んでいます。

その要因として、コロナ禍で頻度の多い移動を避ける習慣が続いていることに加え、医学部に合格できなかった受験生は募集人数の少ない後期より、歯学部や薬学部をはじめとする併願学部に進学するか、2月上旬には次年度の準備に入る受験生が増えていることが挙げられます。

私立医学部医学科 地区別志願者数

（人）

地区	2023年度	2022年度	前年比
東北	4,106	4,039	101.7%
北関東	4,945	6,133	80.6%
首都圏	54,486	50,543	107.8%
北陸	4,785	5,240	91.3%
東海	5,498	5,659	97.2%
近畿	13,615	11,011	123.6%
中国	1,435	1,530	93.8%
九州	5,764	6,105	94.4%

◆地区別志願者数の内訳

私立医学部一般選抜の２０２３年度地区別志願者数を見ると、前年から最も増えた近畿で前年比23・６％増、次が首都圏で７・８％増でした。近畿は関西医科大学と大阪医科薬科大学が学費を下げた影響が大きいと思われます。東海地方は国公立志向の強い地域性もあり、共通テスト利用の増加の影響が大きいようです。

結論を言うと、東京、大阪、名古屋の三大都市圏が堅調に志願者を伸ばしたのに対し、地方は志願者減少という構図が浮き彫りになったといえるでしょう。さらに詳細事項は第六章で触れることにします。

第2章　医学部予備校の特徴と環境選択について

第1部　医学部予備校の特徴

1　本当の情報を有しているか

インターネットで全ての情報が氾濫し、一通りの情報は全て入手しやすくなっています。ただし、入手しやすくなった半面、その情報が正確かどうかは別問題です。

私が代表を務めるメルリックス学院では、創立以来25年大学と信頼関係を構築し続け、メルリックス学院にしか出していない情報をいただけるようになりました。また、受験攻略ガイドでは大学毎に校閲をお願いして情報が間違っていないかを精査した上で公開しています。

過去問が出されていない学校推薦型選抜入試や総合型選抜入試、また面接試験の内容も数多くの受験生から正確に聞き出した情報のみを公開することを心掛けています。

また、2022年9月からは受験情報センターを設立し、医学部の受験情報のみに専門的に携わる部門を新設いたしました。猫の目以上に目まぐるしく変化する医学部受験に対して、どこよりも早く正確に細かな情報まで発信し続けます。また、最新の俊英な情報を進路指導に生かしています。それが本当の意味で医学部予備校の使命だと認識している次第です。

2　医学部予備校の授業時間数

まず、合格率の高い医学部予備校の特徴として授業時間数が適正であるか。という観点があります。メルリックス学院を例に挙げると、午前から夕方までで本科授業が終了する形式になっています。その後は一部、苦手な教科の個別指導を受けます。もしくは復習の時間に充てるといった時間になっています。あくまでも授業で学んだ内容を整理する時間、アウトプットをする時間をしっかりと確保している点が特徴です。

ただし、何年も一次合格を取り続けているような方であれば、医学部予備校の最上位クラスの本科授業だけで足りるか、中には必要な教科だけ個別授業にして、あとは自習や演習講座で補うという方もみえます。

一方、ほとんど高校の学習をしてこなくて医学部を目指すといった方や高校時代は文系クラスに所属していて浪人して医学部受験を志すという方も医学部予備校には在籍されています。そのような方には本科授業のベーシッククラスに加えて夕方以降もしっかりと個別授業で補っていった方が効果的であることも否めません。

要は生徒のレベルに応じて最適なクラスもしくは個別授業を構築できる教務力の強い医学部予備校が必然的に高い合格率を誇ることになります。

3 医学部予備校の授業内容

医学部予備校では特に本科授業において趣旨に沿った授業が展開されているかが生命線になってきます。例えば、メルリックス学院において、前期は「基礎を見直す」ということを徹底しております。もちろん最上位クラスも然りです。基礎が完璧に仕上がっていればほとんどの場合、予備校生になっていない訳ですから再度、基礎を見直すことを徹底させています。不思議と後期から勢いよく伸びていく生徒の特徴として、前期の授業で前年に比べて「新な発見が多い」と楽しく授業を受けておられることが挙げられます。

逆に何年も浪人を繰り返す学生に多いのは、前期の本科授業にはほとんど出席せずに後期の演習形式の授業から参加するケースが挙げられます。一見、合理性がある受講の仕方にも見えますが、基礎を学ぶことでさらに深く事象や原理、原則が理解できるようになるので、結果として前者に水を開けられてしまうことになりがちです。

次に、メルリックス学院の場合は後期になると演習中心の授業形式になります。前期に身に付けてきたものを実際に実践できるか確認していく場と化していきます。当然、クラス別に取り扱う問題のレベルが変わってきます。一問一問に、「何分で解いて」という指示が出されることもあります。最終的に時間内に解き切れるようになることを目指していきます。

さらにメルリックス学院では今年度、合格の可能性が少しでも出始めている生徒さんを集めて「実戦力養成講座」を実施します。後期の本科授業と異なり、本番さながらの時間を設定して、どの問題から解きはじめるか、手を付けたが、難しそうなので一旦、保留すべきか、少ない時間の中でいかに効率よく得点する術を学んでいただきます。仮に10の力を保有する生徒が6割の力を出した場合は6となります。一方、8の力を保有する生徒が8割の力を出した場合6・4となり、後者に軍配が上がります。

「どの問題から手をつけるか、解いている課程で厄介な問題と分かった、進むべきか一旦中断して別の問題に移るべきか、残り時間が6分。もう一問、取りに行くべきか、見直しにあてるべきか、時間を意識するタイミングはどうすべきか」試験中、このように判断が問われる場面がさまざまあります。これらをスマートにこなすか否かで上記のような逆転現象が生じます。いわば、「時間の使い方の達人養成講座」という例えが妥当かもしれません。

このように合格率が高い医学部予備校は一つひとつの授業の趣旨が明確で、「本番の試験で時間内に合格点を超える答案を自力で作れるようになるか」この点に年間のカリキュラムがコミットされていることに尽きます。

4　医学部予備校における学生アルバイトの役割

医学部予備校において学生講師の有用性についてしばしば議論されます。

大手予備校でも個別授業に学生講師を起用したり、有名塾でも東大生講師や京大生講師で授業を構築したりしている場合が見られます。確かに受験を終えて最難関大学に進学して間がない学生は複数教科において解くスピードが速かったり、質問にも澱みなくこなせたりとそれなりの汎用性はあります。

ただし、医学部予備校を選択してくる生徒さんは人には言えない深い悩みや欠点を有した状態で入学してくる方も多いのです。

ここから先は私見になりますが、医学部予備校において私は学生には講師をさせるべきではないと考えております。それは、「医学部予備校を選択した受験生の人生の責任までは負うことは不可能である」と考えるからです。特に医学生は本分の勉強が医学部受験よりもハードである場面も多いです。逆に本分を疎かにして医学部予備校での講師業務に精を出しすぎて留年したり、追試を繰り返したりしていては受験生指導において本当の効果が出るか甚だ疑問です。

しかし、医学部予備校の受験生にとって、勉強の悩みを聞いてもらったり、大学生活の話をしてもらったりして明るい未来を想像できる機会を持たせられるのも医学生であることは否めません。以上のような理由でメルリックス学院では医学生はチューター（スタディーサポーター）として受験生に関わってもらうようにしています。

5　医学部予備校の教務

まず、医学部予備校と大手予備校の違いは第一に担任や学習アドバイザーがしっかり付いて学力状況を正確に把握して、集団授業を取るべきか個別授業を取るべきか明確な指針を出していただける点であります。その結果、無駄なことを殆どせずに最短ルートで合格までたどり着けます。メルリックス学院では月に１回教務面談を実施し、毎回のチェックテストや模試の出来を確認し、授業についていけているかを細かく一人ひとり見ています。

前期と後期でクラス分けをしたり、集団授業のレベルがあってない場合は個別授業に移行させたりとオーダーメイド仕様で授業を構成しています。

また、最低年２回、保護者会を実施し、その時々での到達度やご家庭の意見を擦り合わせする機会も当然ですが作っています。

6　医学部予備校の授業と講師

医学部予備校では各科目の講師が一人ひとりのことを丁寧に観察しており、その情報を教務にも下しております。いわば、講師一人ひとりが生徒さんの細かい点まで明確に熟知している点が医学部予備校の利点として挙げられます。また基本、講義形式の受け身授業ではなく、講師とやりとりしながら授業を展開する相互方向で流れるので、生徒の理解度を明確に把握でき、一コマの時間が長く取っているので（メルリックス学院の場合2時間）、講師の先生も机間巡視する機会も多いのが特徴です。そのことにも関連して医学部予備校の本科授業を担当している講師の先生に個別授業を依頼してもスムーズに対応していただけて学習成果が出るスピードも速いといった特徴もあります。

たとえば、「物理の力学までは順調に理解していたが、波動に入って反応がすこぶる鈍くなった。基本部分が理解できていないので、個別授業でその部分を補うべき」このような情報が教務にも下りてきて個別授業を組んで分からない部分が雪だるま式に膨れ上がることを未然に防止します。

7　医学部予備校での出願手続きの面倒見

次に医学部予備校では志望理由書の添削や出願手続も側に着いていてしてもらえるケースがほとんどです。メルリックス学院では願書記入会という特定の日を設けて教務や小論科の講師が一同揃ってその日に一気に仕上げてしまいます。また、あまり文章を書いたことがない方や海外経験が長く日本語を書きなれていない方には個別で対応もしています。医学部専門予備校の教職員は大学毎に求められている志願者像が頭に入っているので、各大学に照らし合した志望理由書を書き上げることができます。

8　医学部予備校での受験指導

医学部予備校では私立医学部の試験形式や配点、受験者層を照らし合わせて受験日程、受験戦略を細かく組んでくれます。例えば英語が得意な生徒さんは英語の配点が高い学校をピックアップ。熟考型の生徒さんは試験時間が長めの学校を選択する。マークシートが得意な生徒さんにはそのような形式の学校選択をする。私が経験した例ではマーク模試だと偏差値60を越えるのですが、記述形式になると偏差値55を切ってくる。そのような生徒がいました。彼の第一志望は関西医科大学だったのですが、関西医科大学の学校推薦型入試の試験形式が彼の得意なマークシート式ということもあり、関西医科大学推薦入試大阪地域枠で見事に合格しました。(第6章事例1及び第9章で紹介）記述形式である一般入試では関西医科は非常に難しかったので、教務の成功例の一つといえるでしょう。また、数学がとても苦手な生徒に敢えて差がつかないほど数学が難解な大学を受験させるといったことも私立大学医学部の合格者のパターンをいくつか有しているが故の医学部予備校が為せる技であるといえます。一方、大手予備校の場合は情報収集に関して与えられた資料をベースに生徒自身が自己判断でしていき、なおかつ志望理由書の添削等も多くの場合は自己責任の下で為されていくケースがほとんどです。加えて、模試で出た偏差値ベースで輪切りにして出願校を決めるケースがほとんどのようです。

9 医学部予備校での一般入試以外への対応力

先の「本当の情報を有しているか」の中でも述べましたが、医学部予備校の場合、学校推薦型選抜入試や総合型選抜入試、編入試験の情報を数多く有していますので、一般選抜入試より楽に合格証を手に入れる方策を熟知しています。

毎年、メルリックス学院では夏後半から大手予備校に通う生徒さんが推薦入試対策講座に来られます。推薦入試は問題の難易度が一般入試より平易なことが多く、大抵の場合、現役か一浪生（稀に二浪生）までしか門戸を開かれていないことが多いです。

一般入試より倍率も低くなり、合格できる可能性も当然、広がります。また、編入試験等にも情報をしっかりと保有しており、例えば「東海大学展学のすすめ」は、試験科目が英語と小論文だけで仕事や学生をされながらでも医学部合格できるチャンスが広がります。また、金沢医科大学総合型選抜の入試科目に関して数学は数ⅠA、理科は基礎のみ2科目です。そのように、過去にそのような受験をされる生徒さんが多いことから受験情報もしっかりと蓄積されていますので、現役生や浪人生以外の方で医学部入試を考えられている方は医学部専門予備校を考えられるのが賢明であることも多いと思われます。

この種の試験を利用される方は他学部に通いながらだったり、会社に勤めながらだったりと、両立しながら受講される方が多いのも事実です。

第2部　医学部専門予備校を選択するさまざまなパターン

◆タイプ1　高校の基礎学力が固まっていない生徒

このタイプの生徒さんは何色にも染まっておらず、純白な状態ですので、医学部予備校で学習していく中で伸びが非常に速いです。

大手予備校の場合、そもそも彼らに適合したカリキュラムが無かったりします。当然、私共メルリックス学院でも中学校の復習から進めるケースも少なくはありません。

但し、その場合、「絶対に医学部に入る」という強固な意志ではなく信念があることが条件になります。中学校の内容はまだ濃くなく、学習も捗るので楽しいですが、高校の内容に入ると途端に内容が複雑になり、今までスムーズに流れていたペースが決してそうではなくなります。その時に支えるのが「絶対に医学部に入る」という信念です。

それがあれば、大抵の場合はゼロからのスタートでも2～3年で医学部に合格していくケースが多いです。また、医学部予備校の場合、大抵、一月に一回は教務面談があるので、その際に進捗が速い教科に関してはクラス授業に合流できたり、個別授業とのハイブリッド授業を用意されたりと柔軟に対応してもらえる点も医学部予備校の最大の利点です。

◆タイプ2　大手予備校で一通りのことは学習されてきた生徒

このタイプの生徒さんも大きく伸びていくケースと停滞するケースと2パターンあります。大手予備校のカリキュラムは国公立大学に合わせるケースが多く、学力の礎はそれなりに構築されていても特に私立大学医学部入試への特殊性には対応し切れないケースが多いです。関東圏の医学部予備校は関東圏の私立大学医学部に照準を合わせた内容で通年の授業を進めていきます。一方で関西圏の医学部予備校も関西圏の私立大学医学部に照準を合わせて通年の授業を進めていくケースが多いです。大手予備校では学力は付いている実感はあるものの、私立大学医学部の問題になると合格点をクリアーできないということになり、相談にみえることも多いのです。

特に地方国公立大学医学部入試と異なり、私立医学部入試は非常に特殊性が高いのでその辺りの事情に精通している医学部予備校に委ねた方が合格へのパスポートは早く手に入るでしょう。

逆に大手予備校から医学部予備校に移っても成績が停滞するケースもあります。これは、医学部予備校にスカラーシップをもらって入学してくる生徒にも当てはまることが多いのですが、大手予備校で学んだ手法、教材に固執して医学部予備校の方式になかなか順応しようとしない場合に多いようです。

たしかに、全国的な権威の講師が大手予備校には多々みえます。そのような講師に教わったことは大切に持ち続けたい気持も分からないではないですが、医学部受験の世界でも「餅は餅屋」です。思い切って今までのものを断捨離して新規一転、真新な気持で医学部予備校に入学することが合格への第一歩なのです。

◆タイプ3　医学部予備校の木目の細かさを目的に入学される生徒

このタイプの生徒は一番、伸びが速いです。もちろん、彼らにも大手予備校を選択する余地はありますが、医学部予備校での場合、講師との距離も大手予備校の場合と比較しても圧倒的に近いです。また、質問や添削にもほとんど時間を空けることなく対応できます。大手予備校と同格に力のある講師に木目細かく指導してもらうことを目的にして医学部予備校に入学してくるわけですからとても目的意識がしっかりしているので、伸びも必然的に速くなります。

◆タイプ4　仕事を持ちながら主婦をしながらの環境下で受験を志す生徒

このタイプの生徒は一日のうち、受験勉強に充てられる時間が非常に限られてくるので受験校から一般入試以外の方法も考える必要が出てきます。

特に私立大学医学部のさまざまな入試形態については医学部専門予備校の方が細部まで把握していますので、個々に最適な受験プランをお勧めできるはずです。

また、私がメルリックス学院大阪校に赴任した最初の生徒さんで、その方は主婦の方でした。子育てをしながら医学部受験をされていました。

本当は本科生として入学されたかったのですが、保育園の迎えの時間がある関係で個別受講生という立場でした。ただ、講師からの課題を完璧にこなし、ご自身でも効率の良い勉強法を絶えず追求した結果、1年で京都府立医科大学合格をもぎ取ってしまいました。（第5章で勉強法を紹介）。

このように大手予備校では講義の時間的制約が多く、取りたい授業が取れません。また、個別専門予備校ですと、講師に当たり外れが生じる蓋然性が高くなります。

その点、医学部予備校の講師は昼間の時間帯は本科授業以外の空き時間もあり、その時間帯に個別指導を入れ込むこともできます。そのような意味で時間の制約に追われている方にとっても医学部予備校の利用価値は高くなると言えるでしょう。

◆タイプ5　家庭を持っており、この1年だけと覚悟を持った生徒

毎年、背水の陣を敷いてこられる生徒は必ず在籍しています。

２０２２年度に大阪校に在籍していた生徒さんは大手外資系企業サラリーマンという誰しもが羨望の眼差しを向ける仕事をされてこられた方ですが、最愛の御祖父様を亡くされてから絶対に医師になって、少しでも医療に貢献したいという鋼の意志を持ってメルリックス学院の門を叩きました。なぜ、メルリックス学院で勉強されたいかを問うたところ、「妻も保育園に通っている子どももいるなかで、1年で決めるという条件で家族から受験生活に専念する承諾をもらいました。また、子どもも小さいので大阪の自宅から通える医大に進学するという制約も課されていたのだとおっしゃいました。1年なので、業界最高峰の情報網や精鋭講師を有するメルリックス学院大阪校で悔いのない受験生活を送りたい」とのことで受験生活をスタートさせました。

一部、家事をこなしながら、お子さんの体調が優れない時はお休みしながらという、多少のハンディは否めません。ただ、授業プリントを誰よりもしっかりと復習し、分からない点は妥協せずに質問し、学習する時は殺気立つ程の真剣さで自習や授業を受けたりしていた姿が印象的でした。休憩時間には10歳以上年下の受験生の悩みを聞いたり、集団生活に馴染めない生徒にも積極的に寄り添ったり、話し相手になったりする姿を見て医師に最も大切な「慈愛の心」

をしっかりと有していると感じました。

このサラリーマン時代に培った自己管理力、また関西4医大に照準を当てた本科授業をほぼ完璧に習得してきた甲斐もあり、関西4医大のうち、大阪医科薬科大学、兵庫医科大学、近畿大学に一次合格し、最終的に、近畿大学にめでたく進学しました。

彼のことなので、そつなく6年間で卒業し、慈愛溢れる医師になってくれるものと信じている次第です。

第3章　失敗から学んだことを成功に変えた事例

ここから先は失敗から成功に繋げた事例をご紹介します。

事例1　自分に我を持ちつつも講師や教務の忠告にはしっかり耳を傾ける生徒

Mさんは川崎医科大学に一次合格を持った状態でメルリックス学院に入学してきました。入学してこられた当初からやる気に満ち溢れ、質問にも誰よりも足繁く通い、勉強時間は誰よりも多かったといえましょう。

入学した当初のMさんは数学が大きなアキレス腱であり、数学を1年で偏差値を10ポイント上げることが絶対条件でした。

何事にも手を抜かずに全力投球する良さがある半面、優先順位の濃淡を付けることが苦手でした。入学してくる前はその辺りの優先順位を付けることが苦手で、予定していたものが終えられずに空回りしている部分が多分にありました。

特にメルリックス学院では後期（9月）からは演習形式中心の授業になります。そこで授業の中やチェックテスト、模試等で解けなかった問題をABCに分けて整理してもらいました。Aは何度も繰り返し解きなおし、絶対に早急に解けるようにならないといけない問題。Bは入試までに解けるようになれば良い問題、Cはほぼ無視しても良い問題を分けていきました。判断に迷う場合は講師の先生に小まめに聞きに行ってもらいました。この手法を聞いた時のMさんの輝いた瞳は今でも鮮明に覚えています。

この作業を後期、徹底的に繰り返し行った結果、前期の基礎を徹底的に習得できたことも相重なり、後期の模試はコンスタントに偏差値60代後半を出せるようになりました。

結果的に一浪の時より理系科目の偏差値が10近く高いところで安定するようになったのです。当然、数学も同じように伸びました。この作業は途中でやめてしまう生徒が大半の中、入試前日まで彼女はＡＢの問題を復習していました。ここまでこの作業を徹底してされたのは彼女以外いません。

自分に都合の良い理屈を言って実行しないことが多い中、このように素直に耳を傾けてなすべきことをしっかりと実践してくれる生徒は医学部予備校の専門性も重なり、こうして大きく伸びます。結果、第一志望の金沢医科大学に正規合格することができました。

事例２　学習環境を変えて性格も明るくなり、相乗効果で第一志望に合格できた生徒

Ｉ君は、４月、一番最後に入ってきた生徒でした。前の年、医系個別予備校に通っていて、その中で自分のペースで勉強することに慣れていました。少なからず学力も向上し、福岡大学に一次合格している状態でメルリックス学院の門を叩いたのです。

正直、まだ本人の中で慣れた場所で1年すべきか、新天地を開拓すべきかかなりの葛藤があっ

たことが伝わってきました。ただ、メルリックス学院の女性教務陣との間で醸し出される雰囲気がとても好きだったようで春期講習会には休まず参加していました。

メルリックス学院は個別授業と集団授業のハイブリッド型の授業も認めており、最も苦手な数学だけは個別授業にして他は集団授業でスタートすることを決心しました。

最初は2時間の集団授業に集中力が続くかという点に疑問をもっていたようですが、始まってしまえばそのような疑念は吹っ飛んでしまいました。

I君のように医系個別予備校から変わって来られる方は一定数、みえますが、皆さん共通して疑念を抱くのは「自分のペースに合わせてもらった授業から着いていく授業に順応できるか」。毎年、必ずある相談です。少人数制のメリットは三つ挙げられます。

①計画的に授業が進行していくので最後まで一通り、回せられる。
②同じようなレベルの生徒と切磋琢磨しあえる。
③休憩時間を一緒に共有することにより、団体生活への順応性が育まれる。

といったメリットがあります。I君の場合は明らかに②、③による恩恵が大きかったと思われます。メルリックス学院に入学して半年が経過した段階で笑顔が増え、積極的に人にも話しかけるようになり、別人のように変化しました。聞くところによると前の年はほとんど生徒間の繋がりを持つこともなく、授業と自習の往復でたまに教務面談がある程度で孤独感を強く感じたそうです。I君の性格が大きく変わったことで二次の面接試験が上手くいく契機になったことは言うまでもないことです。

受験校に全て合格し、今ではメルリックス学院のスタディーサポーターとして大活躍してもらっています。章末にご父兄のお礼のお手紙をご紹介させていただきます。

事例3　誘惑に弱くて自己管理が苦手がゆえに結果が出せなかった生徒

Hさんは大手予備校で2年間学んだ後にメルリックス学院に入学されました。開講から約1か月ごろまでは新たな環境ということで、非常に高いモチベーションで日々勉強と向き合えていました。

ところが5月中旬頃から朝の当校時間が授業開始前のギリギリになったり、授業自体を欠席したりするようになりました。Hさんは受験勉強一辺倒の生活に耐えられない様子でした。担任との話し合いで、授業がない日曜日は好きなことをしても良い。その代わりに授業の出席とその復習、チェックテストは必ず受けることを約束しました。

この取り決めによってHさんの成績は夏の模試には偏差値65まで伸ばすことができました。しかし、8月頃になると授業の欠席が徐々に増えてきました。このままでは、過去2年間と同じ結果になる危険性があるという判断から、少人数制の集団授業を全て個別授業に切り替えることになりました。個別授業に切り替え、各担当講師が厳しく目を光らせることで、良いペースメーカーとして機能しました。そこからのHさんは授業を休むことなく、受験勉強に熱心に取り組んでくれました。

最終的にHさんは6校の大学に合格を果たしました。一般選抜の前期試験終了時点でいくつかの医学部に合格していました。前年までは一次合格さえなかったので快挙です。しかし、前期日程で不合格となった関東地方の大学にリベンジをしたいということで、後期試験の3月まで受験を継続し、見事にその大学に正規合格を果たされました。受験勉強が嫌いだったHさんが、その年予備校内の誰よりも最後まで受験に挑戦する姿に私は感動しました。

本当に学習環境を変えることに素直に応じてくれて医学部専門予備校の一人ひとりに対する面倒見の良さが功を奏した典型的な事例でした。

事例4　粘り強い特性の反面の、苦手な瞬発力について見つめ直し五浪目でもぎ取った勝利

S君は、二浪目からお預かりさせていただきましたが、数学・理科系の成績が偏差値50台後半程度、英語は変わらず40～50台をさまよっているような状態で、面接でも控えめすぎてアピール力というか何かエネルギー量が物足りない印象でした。性格は本当に良いのですが、真面目で寡黙でエネルギー量が足りないタイプの生徒でした。

初期の頃は、コツコツ頑張り、遅刻や欠席はしないタイプで成績も着実に上がっていたので、周りからはよく頑張っているという評価で失敗を昔からなかなか指摘されることもないタイプだったと思います。

ただ誰の目にも明らかに、与えられたものをコツコツこなす半面、その生真面目さゆえに受験校に合わせに行ったり、主体的にわからないところを修正しにいったりという部分にエネルギーを割けていないことが弱点となっていました。基礎学力を上げるための勉強の際はそのコツコツした性格が功を奏していましたが、本番での苦しい中で一点でも多くもぎとらなければいけない際に弱さがでてしまい、得意科目で思ったほど取り切れず、苦手科目の英語で時間配分ミスをして、面接までいってもアピール不足等、うまくかみ合わず、あと一歩の状態が数年続き、家族みんなでますます落ち込んでしまっている状況でした。

そこで、最終年は今年で決めると腹を括るよう本人の弱点も指摘しつつ自覚を促すと同時に、実戦演習ベースの授業に組みかえて、得意科目・苦手科目含め、演習量の多い先生で授業を進め、苦手な英語に関してはプラスαでセカンドティーチャーをつけることで今までとは違う視点の刺激も取り入れてもらい、とにかく本番で戦えるような姿勢を養ってもらいました。結果的に、４月を過ぎて岩手医科からギリギリのタイミングで補欠の連絡が来て家族の皆さんとつかみ取った勝利をかみしめました。本当に合否を分ける１点を争う攻防において、学力だけでは測れないメンタル面の修正にも年を通して取り組んでくれたことに勝利の女神が微笑んでくれたのだと思います。

後日談として、Sくんの高校時代で部活も同じであった親友のNくんもマイペースに勉強を続けられていたのですが、翌年の六浪目にしっかり自分を見つめ直し、努力をすれば夢が叶う友達の成功体験に大いに触発され、川崎医科大学に合格しました。

自身の努力で周りも勇気づけ、好影響を与えた印象的な生徒さんでした。

事例5　我流からプロの助言を聞きいれる耳を持つことを覚えた生徒（川崎医科大学不合格から東北医科薬科大学合格への道）

Y君は、問題の相性がいいことから、何度も川崎医科大学にチャレンジしており、一次は何度も通過していましたが、どうしても二次で落ちてしまうといった頭打ちの状態が続き、悩みに悩んだ末にメルリックス学院にご相談に来てくれました。たしかに勉学の面ではだいぶ仕上がっているようでしたが、文系再受験のため英語以外の科目の詰めがまだ少し甘い点と面接での受け答えなどで少し横柄に見えてしまう点にプロ目線で直感的に問題を感じ取ることができました。しかし、根っから医療人に向いていないような人では決してなく、日常のコミュニケーション不足や社会的に孤立している状態への焦りも起因していたように思います。

メルリックス学院に入学後には、１点でも多く点を取るため理数科目中心に研鑽を積むとともに、志望校の選定や面接の練習にも時間を使いました。

志望校の選定に関しては自ら固執している視点を一度フラットに戻してもらい、プロ目線の指導にも一度はしっかり耳を傾けていただくようにお伝えしました。本人との信頼関係の構築ができてくるにつれ受験校の選定（地域枠等も含む）に耳を傾けてくれるようになりました。

また、面接練習では、面接での自己ＰＲのセオリーとして、自分の短所を客観的に捉え、短所の改善策を指摘しながら長所をアピールするといった方法があると思いますが、独りよがりの性格でなかなかそういったアピールの仕方に気付くことができず、自分の苦手な部分を指摘されることへのアレルギー反応から理論武装をすることが多い印象でした。そういった際に、頭ごなしに指摘するのではなく、自分が面接官になった気持で自分の面接を聞いていただいたり、内容を整理いただいたりすることで面接練習を通しての問題点を少しずつ自身で気付き修正に繋げてくれました。

最終的には、川崎医科大学で落ちた原因ばかり考えるのではなく、どういった大学が自分の今までの苦酸を評価してチャンスをくれるだろうかといったポジティブな気持ちも次第に生まれていき、地域に根差した医療をしている東北医科薬科大学で再チャレンジの機会をもらう目的も明確に設定でき、31歳にして新たな道を切り開かれました。

事例6　最後まで夢を諦めなかった生徒 最後は精神力

Nさんは社会人を5年間経験した後、あることをきっかけに医師になりたいと決心し、メルリックス学院の門を叩きました。高校時代は私大文系クラスに在籍していた関係で数学、化学、生物は全くの初学者です。

英語は仕事で通訳を務めたりするくらい堪能なので、医系英語に慣れる作業が必要な程度でした。1年目は個別授業で一通り回した程度で成績にはほとんど現れない状況でした。彼女は馬力もあり、もちろん落ち込むこともありましたが、しばらくすると笑顔で「私、頑張ります！」と私の前でガッツポーズを作ってくれた姿がいつも輝かしかったのを覚えています。気持の弱い生徒だと1年真剣に学習して全く変化がないと受験を続けるか迷ったり、学習環境を変えることを考えたりするものですが、Nさんの場合はそれが全くなく、悪い方にブレなかったのが今回の勝因に繋がったのだと思います。

1年目の最後、大阪医大（現在の大阪医科薬科大学）の後期試験を終えたNさんと同じく後期試験を終えた同級生と最後まで戦った細やかな慰労会をした時にNさんが見せた「充実感」に夢を実現できると確信したものでした。

勉強を始めて2年目から前年の蓄積が物を言い出し、ようやく「医学部受験生」と名乗れる初心者マーク程度のレベルに来ました。

2年目からは理科はクラスに入って学習をはじめました。数学は人生最高の「パートナー」ともいえる数学の瀬川講師と出会い、二人三脚は「令和における最高の師弟関係」と自信を持つことができました。どれほど合格できる可能性が低くても「前向きにチャレンジする姿勢」で燃料切れを起こすまで受験をし続けて「何事も経験が大事」と笑顔で返してくれるNさんからは、私も正直学ばされたものでした。

2年目秋には河合塾の総合偏差値も理数の偏差値も55超を揃えられるようになり、その年度の一般入試では東京女子医科大学と川崎医科大学にも一次合格を果たしました。その際の喜びようといったら凄まじいものでした。これこそがNさんのエネルギーを感じた瞬間でした。

3年目に入ると本気で大阪医科薬科大学に受かりたい、という目標を立てて春先には英語の指導方針でナーバスになったり本気になり過ぎる、あまりの試行錯誤にはまったりして伸び悩む時期を経験したようです。しかし、夏過ぎから本来の姿で勢いを取り戻して、河合塾の全統模試の偏差値も60をコンスタントに超えてくるようになってきました。数学も偏差値50代後半をコンスタントに出せるようになり、また生物、化学も60を超えたところで安定してきたことから医学部受験生として初心者マークが外れる程度まで伸びてきました。

理系科目ゼロの状態から3年あまりかけて医学部正規合格という剣が峰まで到達できたのはNさんが一瞬たりとも情熱を失わなかったことが大きいでしょう。とにかく予備校に通い続けた勲章として正規合格という勲章を得たのです。岩手医科大学、東北医科薬科大学、藤田医科大学、愛知医科大学、福岡大学、東京女子医科大学に一次合格して最終、正規合格した東北医科薬科大学に進学しました。

私が今まで携わった学生さんの中で「執念」「馬力」という言葉が最も似合った学生さんでした。進学先の東北医科薬科大学の定期テストでも上位4分1のに入っているとの報告を先日受けて本当に嬉しい気持ちでした。

事例7　日々の努力で成績を上げ、自信を持つことで、歯学部志望から医学部合格を勝ち取った生徒

F君について印象に残っているのは、何と言っても「続けることを続けられる」ということです。正直4月の段階では彼が医学部を目指すようになるとは想像もしていませんでした。その理由は彼自身が入校面談で「歯学部」を志望していたこと、また学力的にも1年で医学部を目指すにはかなり厳しい状況だったことです。実際彼が入校面談に来られた年の入試は医学部に全敗していて、自分には医学部は無理だと感じている様子でした。しかし彼は我々が想像するよりずっと努力ができる生徒だったのです。メルリックス学院では毎朝9時から朝テストを実施します。正直、昼から授業がある日には、午後から来て受ける、という生徒も少なからずいます。また、推薦入試が近づくとおざなりになる生徒もいます。そんな中、彼はきちんと毎

朝8時半に来て、朝テストを受け続けていました。一つのことを続ける。簡単なようで難しいことを彼はメルリックスに通っていた間、欠かすことなく行っていたのです。日々の積み重ねが形となって現れるのに時間はかかりませんでした。もちろん医学部入試に挑むにはさらなる努力が必要な状態でしたが、第1回の保護者面談で「もう一度医学部を目指してみたらどうか」と提案しました。6月の模試で、国公立歯学部はまだ難しいものの、大阪歯科大学はA判定を出しており、私立歯学部は十分合格できるレベルにまで到達していました。彼の日々の努力を見ているとまだまだ伸びると確信していました。一度は目指した医学部を本気の努力なしに諦めてもいいのか、本当はどうしたいのか、彼ともう一度話し合いました。そこで医学部を目指したいという彼の本心を聞くことができたのです。また、お父様も本当は歯学部ではなく、医学部を目指してほしい、本人は金銭面から国公立と言っているが、医学部なら私立でも構わない、という声を聞くことができました。国公立でないと行かせない、という保護者の方もいる中、私立でもいいから医師を目指しなさい、という言葉はとても大きかったと実感しています。そして、夏からは本格的に医学部合格を目指し、より一層努力を重ねていくことができたのです。

先述した通り、彼の素晴らしいところは努力を重ねられるところ、そして言われたことを素直に行動に移せるところでした。彼はとても素直な優しい性格で、講師の先生方が「これをしなさい」と言うと、必ず実行していました。昼休憩に一日も休まずに新聞に目を通す姿も印象的でした。受験生の中には返事はいいものの、結局自分がしたいことを優先する方もいますが、彼は先生方を信じ、言われたことを言われたようにできる生徒だったのです。メルリックス学院では毎週の復習テストや模試の結果などを張り出していますが、回を重ねるごとに彼の成績が目に見えて上がっていくのが誰の目からも明らかでした。もちろん、上には上がいて、上位層に食い込むところまでは困難でしたが、それでも少しずつ順位が上がっていくことが彼の自信につながっていったのです。

正直、第3回の模試の結果だけを見ると医学部合格は厳しいと感じていました。しかし、そこからの彼の努力は本当にすごかったのを覚えています。わからないところは貪欲に先生方に質問し、自分でも過去問を解き続けていました。浪人生活の1年間、彼は本当に医学部合格を目標に努力を続けました。その結果、兵庫医科大学、愛知医科大学、福岡医科大学、川崎医科大学、岩手医科大学、金沢医科大学の6大学で一次合格を出すことができたのです。進学先の金沢医科大学は正規で合格し、結果が出た時は教務スタッフも講師もみんなで大喜びでした。

事例8　最後まで苦手科目に向き合い、合格を手にした生徒

一浪で面談に来たIさんは、理科がとにかく苦手な生徒でした。卒業生が家庭教師をしてい

た生徒で、その紹介で面談に来てくれていたのでしたが、彼女は英語は得意なものの理科は基礎から始めないとかなり厳しい状態でした。数学も基礎はできても応用が利かないタイプでした。正直、1年では勝負できるところまでいくのは厳しいのではないか、と感じていました。ご両親が二人とも医師をされていて、また優秀なお兄様がいるというなかで、かなりのプレッシャーが本人にもあったことは誰の目からも明らかでした。Iさんは遠方ということもあり、近くに下宿をしていたのですが、ご両親からのプレッシャーを感じずに過ごせたという点において、ご両親と離れて勉強に集中できたことは成功の一つの要因であったと思います。

Iさんはのんびりしたマイペースな性格ゆえ、自分から進んでガリガリ問題を解くというのが苦手なタイプでした。本人も「やらなければいけない」とは思っているものの、なかなか行動に移せないタイプでした。そこで、教務スタッフはまずIさんと話し合うことにしました。問題量を増やすためにはどうすればいいか、どのぐらいのペースならできるのか。「何をすればいいのかわからない」というIさんのため、各教科の先生方にヒアリングをし、適切な教材を準備してもらい、今日はこれをする、という形で教務から課題を出すことにしました。授業が進むと授業の課題が増え、予習や復習が追いつかなくなる生徒が多くいます。そうなってくると教務からの課題を渡しても、やらなくなる生徒もいますが、彼女はきっちりと日々の課題と位置づけ、演習量を着実に増やしていったのです。

メルリックス学院ではクリスマスごろに冬期講習が終わりクラス授業も終了します。入試までは対策講座や個別授業を入れる生徒が多いのですが、彼女は最後まで苦手科目である理科の個別授業をコンスタントに続けました。入試直前になると、入試対策の形をとる生徒が多いものですが、Ｉさんの場合、苦手分野が多く残っていました。そのため徹底して苦手分野をつぶし、足を引っ張らないように演習を行いながら再度復習するという形式で最後まで苦手科目に向き合い続けたのです。

正直、入学時から成績の伸びが芳しくなかったＩさんは受けられる大学は全て受ける、というスタンスで都市、地方関係なくチャレンジし続けていきました。試験会場で彼女に会ったときは必ず「あれだけ頑張った。苦手なものはない」そう言葉をかけ、見送り続けてきました。

3月後期試験まで「合格」の二文字を一つも手にしていなかったＩさんは、かなり落ち込んでいました。来年の予備校を探そうか、春期講習に入ろうか、そんな話をしていた3月31日、補欠待ちだった川崎医科大学から連絡があったと聞いたときは電話口で叫びました。最後まで諦めず苦手を克服した彼女は最後の最後に川崎医科大学合格という幸運を無事に手中に収めることが叶ったのです。可能性を信じて努力し続ける人に神様は見捨てないということを改めて分かった瞬間でもありました。

ここで、失敗から成功へ導いた事例として2022年度卒業生（I君）のご父兄からいただいたお手紙の一部をご披露させていただきます。

メルリックス学院を選んだ理由

入校面談時の雰囲気も他にはないものを感じ、とても気に入り、初面談の時に座ってすぐ合格者リストを見せていただきました。（もちろんイニシャルのみ）隠すことなく自信があったからこそ見せることができたのだと思います。もちろん実績を重視する予備校であることは言うまでもありません。

合格者数○○人の奥に合格するまでの経緯や苦手科目の克服法対処法など一人ひとりの実績を説明して下さりました。つねに伴走している姿勢、合格者の顔が見えた感じですごく安心しました。月謝制であったところも良かったです。

不安に感じた点

2時間の授業に、はたして集中力が持つのか……。大阪校の教務責任者伊藤さんより「医学部受験するならこれぐらいの集中力がないと乗り越えられません」と言われて目が覚めました。

一浪目から二浪目で変わった所

通っていた高校から医学部に行く人がいなくて医学部への情報がとても少なかったのです。一浪目は個別指導に通っていました。医学部受験レベルに達してない部分が多く、1対1で質問を常に見ていただいていました。しかし医学部を目指すお友達の情報が欲しかったです。

二浪目は少人数制予備校へ

本人はとても不安に感じてはいました。ある程度仕上がっている生徒や難関校出身者が集まっていること。そこに自分が入っていいのか。劣等感のかたまりでした。でもお友達や先生、教務の伊藤さんが全て助けてくれました。

成績で伸び悩んでいたのがウソのように勉強が大好きになり毎日明るく楽しそうでした。同じ方向へ向かってゴールするお友達って必要なんだなと改めて感じました。

受験生の子を持つ方へ

いつかはゴールできる日が来ます。それが1年後なのか2年後なのか3年後なのか不安に感じるかと思います。一日一日を大切にし後悔のない日にしたいです。

一番頑張っているのは子どもであり、受験のことで頭いっぱいなことでしょう。母にできることはそっと見守ることとしかないですよね。

モチベーションを上げて行くことを大事にしていました。

１次試験合格後の２次試験。

２次試験を楽しみましょう♪　と子どもを面接会場まで送り出したと思います。緊張が少しでも和らげられたらと……緊張が一番もったいない！　自分らしく！

２次試験が終わり何も聞かずに頑張ったね お疲れ様と一言だけ。

案外ゴールは近いのかも……


医学部への道筋をどうこうした訳でもなく、英才教育をした訳でもなく公立中学、中堅高校卒、生物に関しては幼少期からかなり興味があり、そこには全力で付き合ってきました。

図鑑や生体を飼う水族館へよく足を運んでいました。家の中はムツゴロウ王国みたいでした。今でも家の中は哺乳類から爬虫類・昆虫などさまざまいます。ＴＶも生物、危険生物番組録画は欠かさなかったです。

高校1年くらいまでは獣医師になるんだと、なんとなく方向性はありました。何かのドキュメンタリー番組が彼を動かしたようで医学部へ。そこからはＴＶ欄で見つけては録画をしていました（母の仕事・笑）生物を学ぶ、好きの延長に今日があったように思います。

★メルリックスさんへ

医学部へ目指すと決めたのに劣等感いっぱいで前進してまいりました。難関校からしか行けないと思っていましたので不安しかなく途方もない位遠い所にゴールがあると思ってました。一浪目は予備校に入れていたので孤独との戦いで明るかった性格は何処かへ。メルリックス学院に入学しお友達もでき毎日が楽しそうでした。何より自分の立ち位置がわかり良かったです。

関西医科大学入学の景色を見せていただき、ここに連れて来ていただき本当に感謝でいっぱいです。

第4章　伸びる受験生とは

数学編　メルリックス学院数学科専任講師　瀬川、朝倉講師によると

伸びる生徒は元気で素直だと言います。できないこと、ミスしたことに対して切り替えが早くクヨクヨしません。しかし、できない事実はしっかりと認識し、過去のやり方、こだわりに束縛されることなく、新しく勧められた解き方で順応する性質があるとのことです。（瀬川、朝倉講師）ケアレスミスで悩んでみえる方は、ぜひ第6章の「合格者の勉強法」を参照してみてください。

たしかに、生徒面談をすると「以前、大手予備校の有名講師から教えてもらった解き方だから、この考え方は崩したくないから、解き方が違うから、数学は他の手段を使う」というやり取りが毎年、為されています。しかし、プロ講師から見てその解き方は合っていない（分不相応）のです。その理由があって解き方を変えることを勧めていることを理解していない場合が多いのです。

次に数学で伸びる生徒の特徴として、中学入試の算数をしっかりと取り組んだことがある生徒だとも言います。やはり、数学といえども補助線の引き方一つで解法が楽になります。また、別の角度から問題を見つめることで、解法が思いついたりします。頭を柔らかくすることによって数学の見え方が変わることがあるのです。やはり、中学入試を経験しているのとしないのと

ではしている方に一日の長がある場合が多いとも言えます（瀬川講師）。

次に、伸びない生徒と講師のやりとりで、「先生、こういう場合はこのように対応すればいいと覚えればいいですね。この場合とどう違うのですか？」

この生徒がいけないのは何も考えずに短絡的に覚えればいいと思っていることです。この場合とどう違うのか？　根本的な部分の違いを考えようとせず、暗記に全て頼ってしまっている点です。他には「青チャート３回回せば入試問題が完璧に解けるようになりますよね」このような会話も予備校内でよく耳にしますが、そもそも数学に関して作業をこなせばできるようになると勘違いしている学生も多いのです（朝倉講師）。

それであれば、作業の意味を考えて一つひとつ丁寧に考えていくべきです（朝倉講師）。

公式、定理をよく理解した上で、なぜこの場面でこの公式や定理を運用するかを理解し、運用する場面を覚えないと数学力醸成にむしろ阻害になることにもなりかねないと警鐘をならします。

最後に、朝倉講師によると伸びる生徒は「ケアレスミス」を凄く悔しがる傾向にあるといいます。「ケアレスミスしただけだ。考え方は合っているから大丈夫」と流す生徒は最後まで必ずケアレスミスに苦しむというのです。本当に悔しくて悔しくて、もう二度とこのような思いをしたくないと、ケアレスミスノートを作って何度も見返してとにかく今の自分から脱却しようともがく生徒ほど、正確に解けるようになるといいます。

第6章の「合格者の勉強法」で紹介する東京慈恵会医科大学に合格したKさんは、ケアレスミスすることに外階段でよく号泣していました。「ミスをすることが情けなくてこんな自分が悔しくて」その感情から工夫が生まれ、ミスを本当に防止する本人なりの策が誕生するのです。ケアレスミスで悩んでみえる方はぜひ第6章の「合格者の勉強法」を参照してみてください。

さらに、これは几帳面な学生に多いことですが、とにかく綺麗にノートを作ることに満足し、一度ノートを綺麗に作ることで、できるようになった気になるのも危険です。

ノートを作ることに夢中になり、講師の話を全く聞いていないことも多々あるのです。しかも、このような場合、書いているうちにできるようになった気になっているので、ノートを読み返すことも少ないケースも多いのです。むしろ、板書は写メにしてこれをストックしていくのがよいでしょう。授業は全力で聞いてとにかく理解に努めます。第5章に登場する京都府立医科に1年の勉強で合格されたTさんも理解を重視していた点にも注目したいです。

英語編　医歯薬文理研究会副会長 セントメプレス中野俊一学長によると

中野学長の40年を超える指導経験の中で英語の伸びが速い受験生の特徴を挙げていただきま

した。

まずは、中野学長によると伸びる生徒は「腹の中をさらけ出してくれる」換言すれば「恥も外聞もない」ことがまずあるといいます。もちろん、人間には大なり小なり羞恥心があるので、「こんなことも分かっていないのか」と思われることに恐怖心を抱いていることがほとんどであるとのことです。

教師側は「ここまでは分かっているな」という前提で説明を進めていると「その手前で躓いていた」と分かるとその手前から教えなくてはなりません。授業中だとなおさらです。今までの説明が全く無駄になるのです。

このような繰り返しでは時間ばかり無駄にし、英語力が上達するはずがありません。まずは、中学校の文法から理解していなくても構わないので、「腹の中をさらけ出して欲しい」と言います。

次に英語の上達が早い生徒は本を幼少期からよく読み、言葉からのイメージ力が優れている点が挙げられるといいます。「形骸化」「mere shell」という言葉からどのようなイメージが脳裏に浮かんでくるか、これが大切です。また、受験に関係ないところでの好奇心の高さが言葉のイメージ力に繋がると中野学長は語ります。長文の背景知識を理解するのに雑学や実体験が多いほどイメージが湧きやすくなるのです。「日頃からさまざまなことにアンテナを張り、好奇心の塊になること」が言葉のイメージ力を付ける早道であると語ります。次に、この趣旨の話だから、次は論理的にこのような話が来るはずだ。と予想しながら読んでいくと力が身についてきます。この二つがあるかないかで特に長文読解力に歴然とした差が現れると言います。日頃から日本語で良いので短くても活字に触れる機会を増やすことが英語力向上の近道であると力説します。

三つ目は、持久力であると言います。文法、構文を理解して考えている内は「身に付いた」と言えません。「例えば球技でここはシュートするタイミングだと思い出してから体が動いていては競技にならないのと同じです」と断言しています。頭の片隅にはたしかに文法、構文があるのですが、それを引っ張り出してこないといけない受験生が多いと中野学長は語ります。引っ張り出してこないといけない段階だと本試験では使える知識になっていないということです。

その為に、単語チェック、イディオムチェック、文法チェックを日々するのであり、野球でも一流選手になるほど、素振りやトスバッティング、キャッチボールといった基礎練習を誰よりも重要視するのと同じ論理であるといいます。彼らもカーブが来た↓カーブの場合はこうだった↓だからこのような点に気を付けて、としていたらとても試合でのバッティングなど覚束ないものになります。要は体に染み込ませることが大切であると中野学長は力説します。英語が分かっているけど点数が取れない生徒によくあるパターンであるとのことです。

化学編　メルリックス学院専任講師増田講師によると

最後に医学部受験生の指導を30年続けてこられた増田講師に化学の伸びが速い生徒の特徴について聞いてみました。これは数学とも同じですが、以前の予備校で教わった解き方、家庭教師に教わった解き方にこだわる生徒は伸びないと言います。大手予備校の有名講師に教わったという自己満足だけで判断してしまうケースも多いと言います。その解き方が身についていないので浪人生活を送っているわけであり、その点に謙虚になってほしいと言います。この点についても第６章の「合格者の勉強法」で紹介するＫさんは鮮明に語っています。明らかに２０２３年度のＳ君も２年間通った予備校の解き方を捨てきれず、増田講師と何度も議論していた姿が思い返されます。ただ、Ｓ君は時間こそかかりましたが、最後は自分の過去の解き方が身についていないことを実感し、増田講師の指導を受け入れて苦手であった化学を克服し、第一志望の近畿大学医学部に合格していきました。なかなか変化を嫌うのかアドバイスもなかなか素直に聞いてくれる生徒が少ないことを増田講師は危惧しています。ひどいケースだと「クラス授業を抜けて自分の身に着けた解き方で教えてくれる講師の個別授業を取らせて欲しい」という場合もあります。たいていの場合、そのようなケースだと私の経験上、残念ながら結果が不本意で終わることが多いのです。プロの言うことにはまずはしっかりと耳を傾けて、結果が出なければその段階で相談するのがよいでしょう。仕事場でいう報連相です。自分にとって都合よく考えて報連相がしっかりできている生徒が少なくなってきています。

次に化学の上達が速い生徒の特徴として、「しっかりとした理解という地盤があり、その上に暗記という建物が建っている」というイメージです。きちんとしたイメージができ上がっており、自分の言葉で着実に説明できるかどうかということです。これらがしっかりと成り立っており、整理されている学生は化学が盤石であると言えるでしょう。

例えば次の言葉を初学者に分かりやすく説明できるでしょうか？

「平衡移動」「浸透圧」「中和滴定」

最後に増田講師が挙げるポイントとして、理論化学は「モル計算の理解」根底からの理解を挙げます。これがしっかりされていれば、大抵の応用問題も太刀打ちできると言います。

出題の50％が有機であることが多く、丸暗記ではなく、繋がりや関連性を意識して暗記するようにしないと入試問題には立ち向かえません。このことを意識することが肝要です。

第5章

国公立医学部合格に向けた学習法、志望校選択法

この章では国公立大学医学部合格に向けた学習法、志望校選択法を検証することにします。

第1部　国公立医学部入試の概要

1　旧帝国大学医学部

旧帝国大学医学部の受験者層は共通テストの難易度にもさほど影響はしません。ただし、2022年度の名古屋大学のように前期倍率が1・4倍、後期が1・6倍であったように特異な例があります。

ただし、この年も難易度が下がったかというとそのようなことは決してありません。2022年度の共通テスト合格者平均得点率が85・2%だったのに対し、2023年度は87・1%差が1・9%であることで証明されています。

他にも東京大学の2022年度の共通テスト合格者平均得点率が89・8%だったのに対し、2023年度は92・7%、差が2・9%、京都大学に関しても2022年度の共通テスト合格者平均得点率が88・1%だったのに対し、2023年度は90・9%、差が2・8%でした。

一方、北海道大学に関しては2022年度の共通テスト合格者平均得点率が82・6%だったのに対し、２００３年度は87・４％、差が４・８％でした。九州大学に関しては２０２２年度の共通テスト合格者平均得点率が85・１％だったのに対し、２０２３年度は89・２％、差が４・１％でした。

このように、旧帝国大学医学部の間でも多少、差があることは興味深いところですが、いずれにせよ、盤石な学力が要求される点では異論のないところであるといえるでしょう。

２　旧六医大

次に国公立医学部を考える上で旧六医大は旧帝国大学医学部群の次に歴史のある医学部群であり、大都市圏周辺国公立大学を除き、難易度も旧帝国大学群の次にランキングされるといえます。

旧六医大学校群においては、共通テストと個別試験の比率が1対2以上であり、個別問題も他理系学部と共通問題が使われます。二次試験の学力を十分、兼ね備えていて、共通テストを失敗して一発逆転を狙う受験生にとっては有効な選択肢となり得るといえるでしょう。

この観点からすると旧六医大ではないですが、広島大学も有効といえます。一次試験と個別試験の比率が1対２であり、かつ、理科が得意な受験生にも理科が不得意な受験生にも有利な傾斜配点が用意されているので、該当する受験生は頭の片隅に置かれることをお勧めします。

3　大都市周辺国公立大

こちらに関しては関東と関西で分けて考察することにします。

東京医科歯科大学、横浜市立大学、筑波大学、山梨大学（後期）は一次試験と個別試験の比率で個別試験の比率の方が圧倒的に高く、かつ個別試験の難易度も相当高くなっています。受験生のレベルも旧六医大学校群の受験生と同レベルか凌駕するレベルといっても過言ではないでしょう。

一方、関西圏に目を移すと神戸大学、大阪公立大学は一次試験と個別学力試験の比率が拮抗しており、個別試験の試験問題も標準的な出題となっており、高得点勝負となります。しっかりと共通テストのボーダーをクリアーして基礎固めができており、手堅く個別学力試験の得点もできる受験生に有利といえます。一方、京都府立医科大学、滋賀医科大学、和歌山県立医科大学、福井大学は一次試験と個別学力試験の比率が拮抗しているとはいえ、個別試験の問題が旧帝国大学の問題と同レベルかそれ以上のレベルの出題も見られます。個別学力試験に自信がある受験生は一次試験の差を補えるチャンスも十分あります。２０２３年度合格者共通テスト平均得点率では京都府立医科大学、大阪公立医科大学、奈良県立医科大学が85％～86％。滋賀医科大学、和歌山県立医科大学に至っては80％～81％と5％程度の開きがあります。

奈良県立医科大学に関しては２０２４年度入試から前期日程の個別試験が小論文入試となります。共通テストを手堅く得点し、社会の動向に関心があり、表現力の豊かな受験生が全国から集結するものと思われます。

最後に名古屋市立大学についても言及します。２０２３年度合格者共通テスト平均得点率が83・０％一次試験と個別試験の比率が５５０対１２００で圧倒的に個別試験重視です。個別試験の問題も骨のある問題が多く、旧帝国大学群に拮抗する学力を有する受験生を求めているといえるでしょう。

4　地方国公立大学

まず、ほとんどの大学で共通テストと個別学力試験で前者の配点が高いことが特徴です。それ故、岐阜大学を代表とするように倍率も先に挙げた大学と比較しても高くなる特徴があります。共通テストのボーダープラスαの得点が一次試験で要求されます。

また、二段階選抜を実施するケースも多いので、足切り点が予想より上がることも想定して出願することが望ましいでしょう。

弘前大学が２０２５年度入試より個別学力試験を英語、数学に戻すと発表されたことに伴い、小論文を主体にした総合問題に勝負をかける受験生の出願が増えることも大いに予想されるでしょう。

個別試験の問題は一部の大学を除き（福井大学、大分大学、宮崎大学等）、共通テスト程度の内容が理解されていれば解答できる問題が多いのも特徴といえます。

旭川医科大学や札幌医科大学で代表されるように地域枠でかなりの枠を占めており、一般枠が少なくなっている場合もあるので、その辺りも考慮に入れて出願されるべきです。

最後に、推薦地域枠についても言及します。

評定平均が4・3以上有することが条件になるケースが多く、現役か一浪までという限定がほとんどの場合付加されています。居住地域や出身高等学校が該当する地区に存在すれば小論文と共通テストで判定される入試形態となっています。共通テストの得点率が一般試験のボーダー得点より低いケースが多く、該当する方はぜひ、候補にすることをお勧めします。

第2部　国公立大医学部に向けた勉強の仕方

これだけ医学部入試が難関になると、私立を押さえた方が良いか相談を受ける機会も多くなります。結論から言うと経済的な条件も満たして1年でも早く医学部への入学を果たしたいのであれば、私立医学部を併願すべきであると考えます。ただし、国公立大医学部合格が濃厚な受験生か、合否可能性が五分五分の受験生なのか、ある意味挑戦校的な色彩が強いのかによって年間を通じた学習計画が変わってくるでしょう。

１　国公立大医学部専願の生徒

共通テストの配点が特殊な大学

北海道大学（国80：社40：数英理60）滋賀医科大学（国のみ２００他１００）京都大学（全教科：50）

大阪大学（全教科：１００）大阪公立大学（国、英：１００　社：50　理数：２００）

奈良県立大学（国社：１００　英数２００　理３００）

二次試験の配点が特殊な大学（前期）

群馬大学（数理論・面：１５０　論文で英語力を確認）筑波大学（数理英：３００適性面接：５００）愛媛大学（数理：２００　総合２００　面：１００　二次に英なし）岡山大学（数英４００理３００）広島大学（３パターンの二次配点）

二次試験が英語、数学のみの大学

旭川医科大学、秋田大学、島根大学、徳島大学、宮崎大学

二次試験に国語を課す大学

東京大学　京都大学　名古屋大学（現国のみ）
二次試験が総合型（小論文系）問題（２０２４年までの弘前大学　奈良県立大学（前期））

以上のような国公立医学部受験生の為に項目別に分類してみました。自分の適性に合わせて受験校を決めていきたいところです。過去問を早めに見ておき、出題傾向だけでもイメージしておくのが良いでしょう。国公立医学部専願受験生の長所は受験校を絞って腰を据えて対策ができる点です。

一方で共通テストを失敗した場合に1年、棒に振ってしまうリスクが最大の短所です。自分の適性をしっかりと分析して受験校を判断したいところです。

共通テストの得点に応じて受験校のパターンを3パターン程度用意しておくことを私が国公立医学部専願生にいつも投げかけていることです。

2　国公立大医学部と私立大併願の学生

私が所属するメルリックス生で割合的に多いパターンの一つです。一般的に1年でも早く医学部に合格するにはまず、私立で合格できる大学を固めて余力があれば国公立大にチャレンジするという受験の仕方が合理的です。

1のように、確実に国公立を狙える力を有しているとまでは断言できませんが、条件が揃えば国公立も狙えるレベルの学生にはこのパターンが絶対にお勧めです。

私がメルリックス学院大阪校に赴任した際、主婦で医学部受験を志された方が入塾されました。彼女は元々、大阪医科大学（現在の大阪医科薬科大学）と関西医科大学を第一志望にされていて化学と数Ⅲが初学者の状態でした。第2章タイプ4で紹介しましたが、彼女は年齢の問題もあり、まずは私立を固めて1年でも早く合格したいということで最初は私立専願でスタートして余力があれば、国公立もチャレンジしていくという形式でした。うちの学生をみているとこのパターンが最も医大生になれる確率が高いですし、最もお勧めです。

ただし、共通テストの難化に伴い、以前のセンター試験より準備に時間がかかることは否めません。また、二次対策を日頃のルーティーン学習にしていかなければならない点を鑑みても受験校の過去問に関して最低2周りは共通テストの対策に入る前にこなしていきたいところです。（できれば時間を計測して）それをすることにより、安心感が生まれ、より国公立の対策に力がはいる。但し、中高一貫校以外の現役生は数Ⅲ、理科の全範囲の学習が完了していないので、その部分は差し引いても問題ないでしょう。

例年、国公立、私立の難関校に学習の比重をかけすぎて、共通テストを失敗して慌てて対策をされる方がかなりの数いますが、そのようにならないように前倒しで計画的に学習を実行していくことがこのパターンで受験をする方にとっては肝になってくるでしょう。

急遽、私立医学部も考えざるを得なくなった方には国公立と出題形式が類似しており、学力帯がご自身の学力に近い大学を受験されることをお勧めします。愛知医科大学、藤田医科大学、兵庫医科大学、昭和大学、聖マリアンナ医科大学、福岡大学などです。

このあたりの大学は試験時間も比較的長く、記述問題の比重が高いことから国公立の問題とさほど違和感を感じることは少ないと思われます。ただし、受験者層のレベルが異なるので、その点での細心の注意は必要です。

3　成功者の勉強法

以下、メルリックス生で京都府立医科大学に合格した塾生の学習スタイルの一部をご紹介します。

1. 使ったテキスト

(1) 数学

・やさしい高校数学（学研）1A、2B、3

・基礎問題精講1A、2B、3（旺文社）
・標準問題精講1A、2B、3（旺文社）
・チョイス 3のみ（河合出版）
・理系数学の良問プラチカ1A、2Bのみ（河合出版）
・合格る計算 1A、2B、3（河合出版）
・合格る確率（河合出版）
・センター試験必勝マニュアル1A、2B（東京出版）
・大学への数学 スタンダード演習（東京出版）
・メルリックス学院の講義プリント

17年ぶりに数学をする際にはやさしい高校数学をシリーズで3冊やりました。

これは何度もやりこむわけではなく、通読し、別冊の確認問題は1回解きました。基礎問題精講は5周し、ほぼ完璧にしたはずです。標準問題精講は例題には5周している問題もありますが、難しいので授業で不要と判断された問題は飛ばし、重要と判断された問題を自力でできるようにしました。

合格るシリーズも毎日少しでも進めており、通算では何度も繰り返した問題もあります。特に確率はこの本を中心に勉強を進めました。標準的な論点を完璧にするほうが先決です。センター必勝マニュアルは秋ごろから模試で失点した分野、時間が足りなくなる分野のみを解きました。解くというより、計算が速くなるネタを習得することを意識しました。センター本番では振るわなかったものの、関西医大の穴埋めタイプの数学では、この裏ワザが生きて、漸化式を普通に解くより速く一般項を計算できたと思います。

1年を通してメルリックス学院での授業を中心にするように心がけました。授業中はノートを取らず、理解することに専念しました。板書はＬＩＮＥでもらっていました。

弱点が見つかったら、メルリックス学院の方から必要と思われる問題をコピーして解くように配慮してもらいました。特に数学的帰納法、空間図形、和の計算、側面積を求める積分、などは個別にプリントをいただきました。それらをこなすことに集中してきました。

⑵ 英語

・Ｄｕｏ３・０（アイシーピー）
・鉄緑会東大英単語熟語 鉄壁（角川学芸出版）
・Ｎｅｘｔ Ｓｔａｇｅ英文法・語法問題（桐原書店）
・英文解釈教室（研究社）
・センター過去問（発音アクセント、文法だけ）

・メルリックス学院のプリント
・Ｆａｃｅｂｏｏｋ、ＴＥＤ ｔａｌｋ
まずＤｕｏを完璧にしました。これは1年半の受験期間を通じてずっと完璧な状態をキープするため、毎日通勤時間や家事の時間に聴いていました。通算５００回以上聴いているかと思います。もはや、すべての例文をそらで言えるくらい暗記しました。飽きてきますが、読解でも英作文でもＤｕｏにあったものは自由に使える、すくなくともＤｕｏにあるものは識別できる状態にしました。

鉄壁は1周しましたが、必要なかったと反省しています。難しい単語を完璧にすることは私にはできず、途中からはＤｕｏにもどりました。

ネクステージも忘れるたびに何周もしました。これも飽きてきますが、完璧に1問も間違えないようにするのは至難の業で、これ以外に手を出せませんでした。

秋ごろから英作文を添削してもらいました。最後まで上手に書けませんでしたが、京都府立医科大学の自由英作文は時間内に終えることができました。

Ｄｕｏとネクステで足りないところはメルリックス学院でいただいたプリントで補充しました。

全部で２００頁くらいあったのですが、Ｄｕｏとネクステにあったものを除くと、40頁以下程度の分量に収まり、センター前10日くらいで一気に覚えました。

医療に関する文章、面白い文章をストレスなく楽しく読みたかったのでFacebookで好きな経営者や憧れの医師のタイムラインを読んでいました。TED talkは早くて理解するのにキツイですが短いものや興味があるものを選んで空き時間に見ていました。

英文解釈教室は難しくてつらくて、一度やめました。センター後、京都府立医科大学の過去問をやっている時期になって再開しました。難しい文章を早く読むのには最後の最後ではよいトレーニングになりました。全部はできませんでしたが、毎日少しずつ音読していました。

(3) 化学

・宇宙一わかりやすい高校化学 理論・無機・有機（学研）
・エクセル化学（実教出版社）
・化学重要問題集（数研出版）
・視覚でとらえるフォトサイエンス 化学図録（数研出版）
・化学の新演習（三省堂）
・化学の新研究（三省堂）

ゼロから勉強するのに宇宙一のシリーズは重宝しました。勉強が進んでからも何度もこのシリーズに戻って考えたり、覚えなおしたりしていました。

独学のころにエクセルと重要問題集をしていました。しかし、なかなか完璧にならず、いったんリタイヤしました。エクセルは5周、重要問題集は1周し、間違えた問題は3回以上解きました。でも、独学で完璧にするのは難しかったです。

田村先生のご指導のもと、1年かけて新演習を解きました。解くペースはメルリックス学院の授業で宿題を出してもらい、2週間に一度疑問点を解消しました。

間違えたところをノートにまとめ、模試前や本試験前はノートを復習しました。年間で3冊半ほどになりました。

センター試験では身の回りにある化学物質に関する知識問題で失点することが多かったのでフォトサイエンスを常に眺めるようにしました。それでも覚えにくいところは冷蔵庫やトイレに貼って、目にする回数を増やしました。

私立の受験が終わった後、新研究を塾で借りて読みました。ざっと目を通しただけで進捗は15%程度でした。完璧には程遠いです。1年を通じて、メルリックス学院の授業でおっしゃることをそのまま実行しました。

計算が何段階もあって複雑な問題も自習の時には最後まで粘って解き、なぜそのようになるのか考えました。しかし、京都府立医科大学の本番では難しそうな構造決定などはすべて飛ばし、確実に答えられそうなところだけを解いたのが勝因でした。

(4) 生物

・エクセル生物（実教出版社）
・大森徹の最強講義117講（文英堂）
・ニューステージ新生物図表（浜島書店）
・入門問題精講（旺文社）
・基礎問題精講（旺文社）
・標準問題精講（旺文社）
・センター過去問
・翁長先生のプリント
・教科書2冊（第一学習社、数研出版）

独学のころにエクセル生物からスタートしました。でも解説がよく理解できないところもあり、消化不良でやめました。

大森先生の本をバイブルにしており、暗記しようと必死でしたが、そんなに意味はなかったと思います。でも一応、ボロボロになるまではやりました。

一番効果があったのは翁長先生のプリント、宿題、だったと思います。

入門問題精講、基礎問題精講、標準問題精講も宿題の中で消化しました。

宿題はプリントと合わせて、２週間分もらって自力でトライし、間違えたところはノートにまとめていました。こちらは1年で2冊半ほどです。模試前、本試験前に見ていました。

翁長先生のプリントは主に医学部の過去問から私のレベルにあったものを選んでプリントにしてくれていました。私立のものから始め、最終的には記述のある国公立のもバランスよくセレクトしてありました。とくに問題集にはないような初見のもの、見たことがないものをじっくり考える機会になりました。

関西医科大学の過去問は前期、後期ともにみっちり対策してくださりました。難しいですが、取るべき問題、キツい問題の見分け方含め、濃い時間でした。関西医大本番も難しかったのですが、本番中に「２０１６年後期レベルだわ」と思いながら解けそうなところから進められたのはこの濃い授業のおかげでした。

12月ごろから教科書2冊を借りて読み込みました。

私立入試前はなんども読み、どのページに何が書いてあるのか覚えている状態にしました。

京都府立医科大学入試前は、「参考」や「発展」に書いてあることも含めて、自分で予想問題を作って解いていました。

1年を通じて翁長先生のおっしゃる通りにし、最後は教科書を完璧にすることのみに注力し、問題集を解くことはやめました。

(5) 国語・社会

・漢文ヤマのヤマ(学研マーケティング)
・ステップアップノート30古典文法トレーニング(河合出版)
・速読古文単語(Z会)
・現代社会の点数が面白いほどとれる本(KADOKAWA)
・センター試験現代社会集中講義(旺文社)
・現代社会 教科書(山川出版)
・センター過去問/黒本(河合)

国語や社会は普段はほとんどやらず、模試前1週間くらいで一周するようにしていました。5月ごろに国語社会を一周しておき、あとは模試前にピークを持ってくるようにしていました。

安定してとれていたのは現社でした。山川出版の教科書を一読し、教科書の内容だけで8割は取れました。あとの2割は時事ネタや、教科書にはのっていないけど模試で出てくるたびに、こんなこともあるのだな、と覚えていけばあんまり時間はかからず85~90とれました。

85%くらいからは深追いせず、本番3日前くらいから模試や過去問で間違えた問題を復習しました。センター現社のアプリで出先でもクイズ感覚で暇なときに遊んで忘れないようにしていました。

2. 日々のこころがけ

・私立対策を疎かにしないようにします。上位私立の正規合格をひとつの目標にしていれば、自ずと国公立も可能性が高まります。

・私立のセンター利用を結構本気で狙っていました。結果的にはセンター利用は兵庫医大のみだったのですが、狙えるぐらいの位置にいれば国公立も可能性が高まります。

・上位私立の正規合格をもって国公立に挑むと、メンタルがかなり余裕をもって臨めます。早い時期に正規合格を一つでも持っていると、かなり前向きな気持ちで勉強に臨めるので私立をしっかり正規合格することがまずは大切です。

・補欠でもいいや、とは絶対にちらっとでも思わないことです。結果的に補欠になるのは仕方がありませんが、正規にこだわる方がいいと思います。補欠を待つのは想像以上に辛いものがあります。

・正規にはかけ離れた成績であっても正規を目標にします。模試の志望校内順位であと何人抜けば正規なのか引き算し、試験までの週数で割ります。一週間に何人抜けば届くのか計算してみると、案外遠い数字ではないことに気が付くでしょう。

・本番の日に学力のピークを持ってくることをイメージします。

模試はその練習に使います。年中ずっと偏差値70とか必要なわけではなく、試験のその日に瞬間最大偏差値70取るにはどうしたらいいか、を考えます。

・瞬間最大偏差値を上げるにはラストスパートが一番重要だと思います。12月とかに頑張れない人は何浪したってダメです。12月、1月、2月は息が止まるくらい勉強します。逆にそれまではそんなにできなくても(秋模試が悪くても)、気にしなくてよいのです。私は結構悪かったけど、落ち込む余裕がなかっただけです。

・模試が悪かったとき、できなかったとき。「膿を出し切った。」と思うことにしていました。メルリックスの先生がそう言ってくれたので言葉通り受け取れました。

ケアレスミスが起きる背景や、苦手分野の穴を見つけたと思ってとにかく前に進めます。記述模試は添削してもらえるチャンスなので添削答案から自分のアラを探し、改善するチャンスです。

・忘却曲線を意識します。忘れて当然なので、短期間に何度も繰り返します。数学の問題は5

日～7日おいてもう一度解く、など「忘れたころ」に繰り返します。やった日付を問題番号の横などに書いておきます。完璧になったら「OK」と書いて二度と解かないようにします。
・本番と同じ条件で解きます。解答用紙のスペースなども同じにします。余白の使い方やメモの書き方も本番にどうするか想定しながら解きます。
・宿題は2週間分もらって1週間を目標に解く。後半1週間は前半わからなかったところをもう一度、冷静な目で解いてみます。進めていくと、案外解けることもあります。それでもわからなかったら先生に聞きます。
・再受験だから、高齢だから、という情報に惑わされないようにします。点数とったら受かるはずです。今から若返ることはないのでそこを考えても時間の無駄です。年齢相応に頑張ってきたことがあるなら「受験に失敗したってなんとか自活できる。」とドンと構えてはいました。ダメだったら点数が足りなかっただけです。

第6章

私立大医学部合格に向けた学習法、志望校選択法

この章では私立大学医学部合格に向けた学習法、志望校選択法を検証することとします。

第1部　私立大学医学部入試の概要

２０２３年度の私立大学医学部入試を振り返って地方と都会の格差が大きく出始めている点、また学校推薦型選抜入試と一般入試への関連性が明確にでた点が特徴として現れました。それらの特徴を基に２０２４年度の私立医学部入試をどのように考えるかを考察します。

1　地方と都会の格差

２０２２年度入試と比較して志願者数を減らした主な大学（前期日程）独協医科大学（前年比▲28・０％）、埼玉医科大学（前年比▲31・７％）、愛知医科大学（▲31・８％）、金沢医科大学（▲10・８％）、久留米大学（▲18・６％）、北里大学（▲７・４％）などです。

２０２２年度入試と比較して志願者数を増やした主な大学（前期日程）東海大学（前年比＋１５４・３％）東京女子医科大学（前年比＋１３４・７％）東邦大学（前年比＋１３０・０％）関西医科大学（前年比＋１２６・７％）東京医科大学（前年比

＋116・8％）順天堂大学（＋115・2％）大阪医科薬科大学（前年比＋114・5％）

上記の集計をご覧になられて日程的な要因を差し引いても地方と都市部の大学格差が明確に現れる結果となりました。

他にも岩手医科大学や北里大学のここ数年の繰り上がり人数にも顕著に現れています。逆に志願者数を増やした大学は東京圏、大阪圏に立地する大学がほとんどです。

関西医科大学や大阪医科薬科大学は学費を大きく下げた影響が結果に出る形となりました。2008年度に順天堂大学が学費を900万円下げた時と同じ現象が生じました。

東京女子医科大学は不祥事や学費を上げた影響が風化して元の数字に戻ったといえます。東邦大学は試験日程を2月に移したことが結果的に功を奏したといえるでしょう。

2　推薦入試、総合型選抜入試と一般入試の関連性

一般入試の動向を予想するのに推薦入試の動向と大きな関連性が見られます。

その一例を紹介しましょう。（数値は2023年度入試）

まず、久留米大学 推薦入試の志願者数前年比（▲16・1％）、一般入試の志願者数（▲18・6％）、川崎医科大学中四国選抜入試前年比（▲17・7％）、一般入試（▲6・3％）、愛知医科大学の推薦入試前年比（▲17・7％）、一般入試（▲31・7％）、

東京女子医科大学推薦入試前年比（+210・7%）、一般入試の志願者数（+134・7%）、東京医科大学一般公募推薦入試前年比（+112・6%）、一般入試の志願者数（+116・8%）、東邦大学AO入試前年比（+128・9%）一般入試の志願者数（+130・0%）関西医科大学一般推薦入試前年比（+135・9%）一般入試の志願者数（+126・7%）などとなっています。

これらの指標から一般入試の出願を考える際に11月～12月に行われる推薦入試の出願数は非常に参考になるといえるでしょう。

ただし、2023年度入試の聖マリアンナ医科大学のように推薦入試で科学総合型問題が出題されて敬遠されていたことに、指定校推薦入試が廃止された影響で一般公募推薦の出願者数が減少しました。その影響で一般入試枠が広がり、推薦入試で人数を減少させたにも拘わらず、一般入試の志願者数を大幅に伸ばした例もあります。さまざまな要因を複合的に考察する必要があるのは言うまでもありません。

第2部　私立大学医学部入試を突破する戦略

1　まずは学校推薦型選抜入試、総合型選抜入試から受験を考えましょう

学校推薦型選抜入試や総合型選抜入試は、ほとんどが11月～12月に集中します。また、関東圏の推薦入試では数Ⅲが出題されない、又は割合が極めて低いのが現状です。２０２４年度からは藤田医科大学ふじた未来入試が数Ⅲを廃止したり、愛知医科大学推薦入試も２０２５年度入試からは数Ⅲの廃止を表明したりしています。また、近畿大学は２０２４年度推薦入試から数学も全学共通問題で入試を実施しています。

倍率も３倍～４倍のところが多く、大抵が現役生もしくは一浪までの枠に限定されます。

理科を課していない大学も多い（愛知医科、藤田医科、福岡、久留米）ですが、ただし、評定平均が基準を上回ることが前提となる大学が多いです。

入試科目も一般入試より軽減されており、東京女子医科推薦や東邦総合型は高校での履修教科に関係のない形態での入試を課しています。

私立医学部一般入試で対応できる学力がなくても上記の要件にはまれば医学部入試を突破できるチャンスも膨らんできます。ぜひとも情報をしっかりと掴み、学力が現時点で足りていないことを言い訳にして受験機会を喪失することのないよう心掛けてください。

ただし、入試科目の負担を軽減している大学でも高校で数Ⅲを履修している（理系クラスに在籍）ことが要件とされている学校もあり（東京女子医科大学）、実質、理系科目を履修していることが要件となっている場合があるので注意が必要です。

また、大多数の大学が専願制を採用しています。また、久留米大学のように「数Ⅲを履修していることが望ましい」としている大学もあります。くれぐれも注意して出願してください。

2　受験校について

メルリックス学院では年2回、保護者会を実施しており、最後の保護者会では受験校を念入りに検討していきます。以下のような判断基準で受験校の選定を行っています。

① 得点源にされている入試科目　苦手科目

② 記述型かマークシート型か

③　短時間処理型か熟考型か

この3点から受験校を考察していけば、少なからずご本人にとって最適な学校選びができるはずです。

英語が苦手な方の出願校

まず、英語に関しては正直、医学部進学の後もしっかり関わっていかなくてはならない教科であり、しっかりと向き合っていって欲しいというのが本音です。

帝京大学医学部も2015年度までは英語を選択科目にしていましたが、英語が全くできない学生が入学されてその後の顛末から、2016年度からは必修科目になりました。

私共が進路指導して、英語が不得意科目でも合格者が多い大学として近畿大学、昭和大学（問題が難しすぎて差がつきにくい）、川崎医科大学、福岡大学、金沢医科大学あたりが挙げられます。

この3校に関しては問題が平易で真剣に取り組めば英語が苦手な方でも合格者平均点近くまでは比較的届きやすいといえます。

数学が苦手な方の出願校

数学が苦手な方に関してはまず、帝京大学が数学を選択せずに受験することが可能です。また、昭和大学が数学の代わりに国語（現代文）を選択可能です。

次に、東北医科薬科大学（地域枠に合せて問題を作成しているので、一般の受験層には難しく差がつき辛い）もありますが、問題の形式面から取りくみやすい大学として、東海大学、川崎医科大学、近畿大学、日本大学、東邦大学、東京女子医科大学などがあります。

※川崎医科大学や東京女子医科大学は年度によって難しい問題が出されるが、とれるところでしっかり取れば十分に合格点をクリアできます。近畿大学、日本大学は全学共通問題を使用しています。（近畿大学は２０２４年度入試から）

理科について

２０１９年度の東京医大の事件が勃発して2年間程は物理を平易にして生物が難しい大学が顕著でしたが、最近はむしろ、生物選択者の方が有利とも思えるような出題傾向にある大学も増加してきています。そのような意味ではバランスが取れてきているものと思われます。特に、中堅校より下の学校にその傾向が顕著です。大学教員のお話では生物選択者の方が入学後の履修がスムーズに行きやすいということも少なからず影響している可能性もあります。

次に、科目間の標準偏差方式を用いる大学として日本大学、東海大学、獨協医科大学が挙げられます。これらの大学は完全に科目間の不均衡はありません。

また、金沢医科大学も２０２２年度入試で標準偏差方式を導入しましたが、１年で素点方式に戻しました。問題の不均衡は生じないと判断した結果といえます。

理科を得点源の方は英語、数学、理科2科目で１００点 １００点 ２００点の配点の学校を主眼に置くべきでしょう。藤田医科大学（理科の配点（以下同じ））：２００／６００、東海大学：１００／３００、国際医療福祉大学：２００／５５０、東邦大学：１５０／４００、慶應義塾大学：２００／５００、順天堂大学：２００／５００、愛知医科大学：２００／５００、兵庫医科大学：２００／５００、日本医科大学：４００／１０００、北里大学：２００／５００、岩手医科大学：１５０／３５０、杏林大学：１５０／３５０、金沢医科大学（前期）１５０／３５０、川崎医科大学：１５０／３５０などです。

以上の大学は理科の配点が半分以下の大学です。逆に帝京大学は科目選択で２００／３００とすることも可能です。

英語を優遇している私立大学

国際医療福祉大学：（英語の配点 以下同じ）２００／５５０、順天堂大学：２００／５００

東海大学：100／300、帝京大学100／300、藤田医科大学：200／600などです。

また、順天堂大学一般B方式は英語の民間試験の成績に応じて5点〜25点を英語の個別試験に加点されます。

兵庫医科大学は、英語の民間試験で一定の得点をクリアすれば英語と数学1科目、小論文で一次試験を受験できます。ただし、二次試験で90分の英語を課されます（A方式にはない自由英作が課せられる）。

福岡大学は、共通テスト利用入試において民間英語資格試験で最大40点加算です。

①マークシート（選択）型

岩手医科大学、東北医科薬科大学、自治医科大学、獨協医科大学、埼玉医科大学、国際医療福祉大学、杏林大学、帝京大学、東京医科大学、東邦大学、金沢医科大学

東京医科大学（英語で一部記述）、東邦大学、北里大学（数学のみ記述）

川崎医科大学、産業医科大学

マークシート（選択）記述混合型

順天堂大学、東京女子医科大学、帝京大学、日本大学（二次で英数記述問題）
東海大学、藤田医科大学、関西医科大学、近畿大学、久留米大学

記述型

慶應義塾大学（数学のみ解答記入方式）、東京慈恵会医科大学、大阪医科薬科大学、昭和大学、
日本医科大学（英語のみ一部マーク）、聖マリアンナ医科大学
愛知医科大学（英語のみマーク）、兵庫医科大学、福岡大学

②試験時間の長い大学（4科目で270分以上の試験時間）

慶應義塾大学、順天堂大学、昭和大学、国際医療福祉大学、東京慈恵会医科大学、日本医科大学、東邦大学、聖マリアンナ医科大学藤田医科大学
大阪医科薬科大学、関西医科大学、兵庫医科大学、川崎医科大学、久留米大学
産業医科大学、福岡大学

③試験時間の短い大学（4科目で270分未満の試験時間）

岩手医科大学、東北医科薬科大学、自治医科大学、獨協医科大学、埼玉医科大学、杏林大学、帝京大学、東京医科大学、東京女子医科大学、日本大学、北里大学、東海大学、金沢医科大学、愛知医科大学、近畿大学

このようにみてみると難易度が手頃の大学で試験時間に余裕がある大学に藤田医科大学、兵庫医科大学、川崎医科大学、久留米大学、福岡大学が挙げられます。

また、難易度が高めで高度な処理能力を問われる大学に東京医科大学を筆頭に近畿大学あたりが挙げられます。当然ですが、記述型の大学が試験時間に余裕のある傾向にあります。

事例1

2022年度生メルリックス生O君の場合

マーク模試の成績は偏差値62～63をコンスタントに取得しています。一方、記述模試では55が精いっぱいです。生物を得点源にしています。関西地区の大学への進学を志望しています。

O君の場合、マーク形式と記述形式に成績の差が顕著でしたので、前年は「受験校の指導が偏差値で輪切りにされ、志望校にも配慮したら、気づけば記述のある大学が中心になっていま

した。二浪で受験できる推薦はないと諦めていたところ、関西医科大学の大阪地域枠を勧めてくださり、メルリックス学院での受験校選びの視点が斬新かつ説得力あるもので、非常に感銘をうけました。」（合格体験談一部抜粋、第9章参照）

実際にO君の進路相談に乗り、前年度の愛知医科大学、近畿大学、関西医科大学、兵庫医科大学、福岡大学、久留米大学といった受験校から岩手大学、東北医科薬科大学、杏林大学、日本大学、帝京大学、北里大学、独協医科大学、川崎医科大学を勧めました。また、元来、関西医科大学が第一志望であることもあり、一般入試の前哨戦として関西医科大学大阪地域枠の受験を勧めたところ見事に合格を果たしてくれました。マーク形式が強かったのは言うに及ばず、生物を得点源にしていたO君の入試問題への適性が功を奏したことは言うまでもありません。

事例2

2022年度メルリックス生Aさんの場合

元々、東京の私立大学文系に高校指定校推薦で入学したAさんは高校時代、数学と理科にほぼ無縁の生活を送ってきました。大学卒業後、医師を志し、1年間の留学生活で鍛え上げた英語力と大学のゼミで培ったプレゼン力がAさんの大きな武器でした。

まずは2年後の医学部入試に向けて理数の力をしっかりと養成していこうということになり、元来の地道にこなす性格も幸いし、化学の暗記分野、生物は順調に学力を上げていきました。メルリックス学院に入学して1年を経過した2022年の夏の段階の学力で、今年度は獨協医科総合型選抜、東海大学展学のすすめ、帝京大学一般（三日間）を受験することに決めたのです。

帝京大学は化学が間に合えば英語、化学、生物。化学が間に合わない場合は英語、国語、生物での受験方針を組み立てました。

英語力を最大限生かした受験プランが功を奏し、獨協総合型選抜とその年から始まった東海大学展学のすすめに一次合格しました。一次試験は東海大学編入試験の過去問も5年分以上こなし、生命科学を英文で問われる内容については大学で生命科学の教鞭を執られている講師に定期的に授業を入れてもらい、確実な理解を深めていったのです。「授業で触れられた問題とほとんど同じ問題が出題されました」と喜んで帰ってきた姿が非常に印象的でした。

大学の「アフリカの医療制度」についての卒業論文が評価されたことと、二次試験では東海大学展学のすすめで問われそうなプレゼンの練習を10回程した結果、見事に最終合格を手中に収めました。

その年から始まった展学のすすめでは理数の適性検査が廃止されたこともAさんに追い風で

あったと思います。何よりも地道に着実に物事をこなす姿に神様も味方したといえるでしょう。

　数学や化学の理論分野に大きな不安を残して大学に入学しましたが、持ち前の根気強さと継続力で大学での成績も優秀とのことです。入試の成績と入学後の成績が必ずしもイコールではないことの一つの証左でもあります。

成功者の勉強法

2022年度受験生の概要（教科別）　Kさん（進学先：東京慈恵会医科大学）

1. 用いたテキスト・勉強法

数学

▼用いたテキスト
・メルリックステキスト
・理系数学 入試の核心 標準編 改訂版（Z会）
・ミスノート（自作）

▼勉強法
・予習は、メルリックスの次回の授業までの内容を予習して、わからないところを授業で先生に質問していました。予習では、最後まで解答が出なくても良いので、まずは自分の考えた

解法で解くことを意識しました。解答を見たり、先生の解き方を学ぶときは、ただぼーっと見たり聞いたりするのは厳禁です。自分の解答とどうして違うのか、どうして先生はその解き方を選ばれたのかを考えます。まず、自分の力で解こうとするのは、入試を想定して問題演習をすることにつながるからです。次に、自分なりの解き方で、解いてみて、正解すれば良いではなく、先生や解答冊子の解答をみて、入試の時により効率の良い解き方をできるようにします。医学部の入学試験は時間勝負になるので、この点を意識して受験勉強をすることをお勧めします。

・数学の勉強中や模試や、過去問を解いたときにミスをしたらそのミスを書き溜めておくためのミスノートを全教科作っていました。そのノートを作ることで、自分のミスの癖を分析することができます。すると、テストや入試の時に何に気をつけて解いて（ミスを防ぐ）、何を見直せば良いか（ミスを見つける）がわかるようになります。

英語

▼用いたテキスト

・メルリックステキスト

・話題別英単語リンガメタリカ（Z会）

・私立医大の英語〔文法・語法編〕〔改訂版〕（赤本メディカルシリーズ）（数学社）

・メルリックスの授業のプリント

▼勉強法

文法

・私は英語は得意だったので、英語にかけた勉強時間は他の教科よりも圧倒的に少ないです。

・文法はひたすら問題集を解いて、間違えたものだけを集めた自分の問題集を作って、入試直前まで繰り返し解き直しました。

▼読解

・文章がついている単語帳（リンガメタリカや速読英単語など）を用いて、単語を勉強しながら長文を読んでいました。私は英語で文章を読むことは苦手ではなかったので、知識を増やすという目的で文章を読んでいました。

英作文

・日本語訳の問題と英語訳の問題をどちらも同じくらい重点的に勉強しました。日本語訳は、自分の文章が、誰が読んでも同じ解釈ができる文章で、正解とみなしてくれる文章であるかという観点で自己採点しました。英作文はひたすら先生を捕まえて、添削してもらいました。順天堂大学はかなり長い英作文があるので、過去問を解くたびに添削してもらうようにしていました。

化学

▼用いたテキスト

・メルリックステキスト

・化学の新演習（三省堂）

・化学の新研究（三省堂）

▼勉強法

・まずはメルリックスのテキストを使って予習、復習をしました。しかし、苦手な分野の問題演習や、より難易度の高い問題演習をしたい場合に、化学の新演習を用いました。化学の新演習は問題が3段階にレベル分けがされています。私は、理論分野はレベル2、有機分野はレベル3までやりました。分野によっては、メルリックスのテキストや資料集で十分だったために、全く使用していないところもあります。

・化学も数学と同様に、ミスノートに自分のよくするミスを書き溜めていました。自分のよくしてしまうミスはミスノートに書き出さなければ、「よくするミス」として自分が認識することはできません。とにかくミスをしたら書き出しておくことが大事だと思います。私は、入試の休み時間はミスノートだけを復習していました。

物理

▼用いたテキスト

・メルリックステキスト

・授業プリント

▼勉強法

・まずはメルリックスで授業を受けて、物理法則を基本から理解します。次に、授業中に扱った問題を、復習としてもう一度白紙に解きます。先生と同じように解けているか確認しながら答え合わせをします。物理の問題は、同じ問題を何度も何度も手が覚えるくらい解き直しました。

・物理も数学と化学と同じようにミスノートにミスを書き出していました。実はこのミスノートは鷲見先生が新学期が始まった3月にお勧めしてくださったものです。

・私は物理に関しては、本当に鷲見先生のプリントしか勉強していません。受験にも鷲見先生の授業プリントとミスノートだけを持っていきました。おかげさまで、昭和大学の入試では、3日連続受験の最終日の最終科目だったのにも関わらず、全大問鷲見先生のプリントに載っていた問題だったのでスラスラ解くことができました。特待合格がいただけたのも物理のおかげだと思います。

全教科に共通すること

・浪人時代に私が最も大切にしていたことは、素直になることです。浪人生に特に多いと思うのですが、自分の今までの解き方や勉強の仕方に固執して、予備校の先生の解法や勉強法を受け入れない人がいます。これは非常にもったいないと思います。もちろん、先生の方法が合わない場合もありますが、まずはプロの言うことを聞いてみるべきだと思います。予備校の先生は、毎年さまざまな生徒を送り出しています。過去の生徒たちを見てきて、最も良いと思われた方法を伝授してくださっています。それを受験生も最大限活用するべきだと思います。

2. 面接対策

面接対策は、佐藤先生、下田先生、鈴村先生に個人面接、ＭＭＩ、グループ面接の指導をしていただきました。２次試験が連続で名古屋や東京、大阪などであったので、名古屋にも東京にも大阪にもあるメルリックスに受験直前まで対策していただけたのは本当にありがたかったです。

最も注力して対策していただいたのは、順天堂大学の個人面接です。順天堂大学の個人面接では自己アピールのために、過去の努力を証明するものを持っていくことができます。私は、小中高と書道を続けていたことと、中高で出場した英語スピーチコンテストの努力を示すものをスーツケースいっぱいに持っていきました。他にも、小学生の通知表や、表紙を書かせてもらった高校の卒業アルバムや、卒業時に高校からいただいた賞状などを持っていきました。この準備はかなり大変ですので、全て母に準備してもらいました。最高の応援者である母がいたからこそ自分でも驚きの結果を出すことができました。母にも感謝の気持ちで一杯です。

第7章

医学部における面接試験を通じて見ているものとは

第1部　個人面接試験

1　アドミッションポリシー

まず、面接試験において最も重要なものとしてはアドミッションポリシーが挙げられます。これと「建学の精神」をまず押さえるところから始まるといって良いでしょう。

東京医科大学の建学の精神

自主自学

東京医科大学の校是

正義・友愛・奉仕

東京医科大学のアドミッションポリシー

1. 十分な基礎学力を持ち、自ら問題を発見し解決しようとする意欲のある人

2. 基本的な倫理観と思いやりの心を持ち、利他的に考えることができる人

3. 礼節を重んじながら自らの考えを他者に伝えるとともに、他者の多様な意見を理解しようとする協調性と柔軟性に富む人
4. 多様な文化、変容する社会の中での自らの使命を理解しようとする人

大阪医科薬科大学の建学の精神及び校是

至誠忍術

大阪医科薬科大学のアドミッションポリシー

1. 医学を学ぶ明確な目的と意欲をもっている人
2. 医学を学ぶために必要な知識・技能、思考力・判断力・表現力をもっている人
3. 人に対する思いやりと豊かな人間性、および高い倫理性をもっている人
4. 他の人の意見を尊重し、コミュニケーション能力を涵養できる人
5. 知的好奇心と探究心をもって、自ら生涯にわたり課題の発見と解決に取り組むことのできる人
6. 柔軟な思考ができ、多様化と国際化に向かう現代社会に適応できる人

アドミッションポリシーは大学がこのような学生に入学して欲しいというメッセージであ

り、アドミッションポリシーをしっかりと読み解くところから始めるのが良いでしょう。

例えば、**医学を学ぶ明確な目的と意欲**

↓どのような医師をめざしたいのですか。現時点で何科を志望しているのですか。10年後、どのような医師になっていると思いますか。

人に対する思いやりと豊かな人間性、および高い倫理性

↓今までボランティア活動をされた経験、リーダーシップを執られた経験はありますか？最近のSNSを通じた誹謗、中傷をさせなくするにはどのような施策を打つべきだと思いますか？

他の人の意見を尊重し、コミュニケーション能力を涵養

↓自分と異なる意見の人に対してどのように接しますか？　認知症の老人とコミュニケーションをとる場合、どのような点に気をつけますか？

部活動で後輩に対してどのような点に気を付けて接してきましたか？

多様な文化、変容する社会の中での自らの使命を理解しようとする人

↓AIと人間の役割について　健康寿命を高めることにおいて有効な施策とは　日本における外国人患者への医療の有り方についてどのように考えるか

このようにアドミッションポリシーからどのような質問が出てくるかということを数人で考えながら予想しあって議論しあうのも非常に有効です。

愛知医科大学での面接試験のようにポリシーの中でご自身に最も当てはまるものについて答えなさい。とダイレクトにそれを理解しているか問われるものもあります。

2 面接試験において試験官は何をみているか

よく面接試験の指導をしていると模範解答をください。と言われることがあります。次のようにギャップがあることを理解して欲しいと思います。

まず**受験者の思考回路**は、面接試験↓「試験」模範解答をしっかりと覚えて吐き出さなければ↓面接練習でした内容がそのまま出た。しめしめ。模擬面接で聞かれた内容そのまま。模範解答通り答えられた。↓満点だ！（大喜）

面接官の思考回路をみてみましょう。

質問↓ありきたりのよくある一般論↓また同じ内容面白くないなー　覚えたことを吐き出しているだけ↓この受験生の個性って何だろう？

まずはこの差を理解して欲しいです。受験生は面接練習で教わった通りに答えられました。「満点だ」と確信します。

試験官は、面接練習で練ってきた内容をそのまま答えただけだな。A～E評価のうちCでいいか。

厳しい現実を突きつけるようですが、これが現実なのです。

面接官がみたいもの。それは「貴方自身の本質」であり、「面接練習でしてきたことをきちんと答えられるか。記憶力が良いか」ではないことをまずは理解してください。

3 面接試験で高評価を得られる受け答えとは

① まず、時間、場所、病名の特定をする

この差をしっかりと捉えてください。

「幼少期に田舎の祖父の家で祖父が家で倒れて救急車で運ばれました。その時の医師の対応が素晴らしくて自分も憧れて医師を目指す契機となりました」。一方、「小学校2年生の夏に氷見市にある祖父の家に遊びに行った時に祖父が脳卒中で倒れました。

田舎だし、救急車の到着も遅いと幼いながらにも覚悟していましたが、思いのほか早く救急車が到着しました。また、祖父が手術している時にも別の医師の方が私の不安を和らげるようなお話を笑顔でしてくださいました。その時の緊張感が和らぐ思い出が今でも鮮明に残ってお

り、北陸で医師を目指そうという一つの契機になりました。」

同じ内容を述べている訳ですが、時間や場所、病名を特定するだけでこれだけ心象は変わってくることをまずは理解してください。

②具体的に話す

例えば、医学部に入学した後、どのような大学生活を送りたいと考えますか？

「医学部の学習は大変だと聞いております。まずは勉強を第一にし、人間力を付けるために社会奉仕活動に勤しみ、医師になる上で体力が肝要なので、運動部に入ってリーダーシップにも磨きをかける為、役もきっちりとこなしていきたいと思っており、充実した6年間にしたいと思っております」。

非常によくある回答例ですが、通り一辺倒すぎて、これでは何も面接官の心に響かないといえます。先ほどの例と同様、個性が埋没していると言わざるを得ません。繰り返しになりますが、面接試験で本当に聞きたいのは「あなたの本質」です。それが全く伝わっていないのです。

では、この回答はどうでしょうか？

「医学部の学習は本当に大変だと聞いております。私の尊敬する優秀な先輩でも少し手を抜いたら単位を落としかけたと聞きました。まずは勉学を継続してこなします。

次に人間性を向上させる上で老人施設において月2回程度のボランティア、私はバイオリンを幼少期から習っていましたので、演奏することで和やかな雰囲気を醸成したいです。

また、小学校時代にお世話になった学習塾から講師の依頼が来ているので、当時の勉強が嫌いだった自分を振り返り、週1回程度でも教えにいくことにより恩返しができればと思っております。また、本当は中学校で野球をしたかったのですが、グラウンドが共有で野球部がなく、出来なかったので、大学に入ったらぜひ、軟式野球を部活動でしたいと考えております。」

とにかく、明確なビジョンを持って具体的に伝達するだけでこれほど内容に差がでることを認識してください。

② 細かい点に気をつけましょう

いつも面接指導をしていて気になるのが次の点です。「幼少期から父が患者さんに温かく接する姿を見て……」「母が患者さんからいつも感謝されている姿を見てきて……」など。

受験生が臆することなく堂々と回答する姿が毎回、とても気になります。ややもすれば、「適当に発言する受験生」との烙印を押されかねません。では、どのように直せば良いのでしょうか。

本当にお父さんが患者さんを診療している姿を毎回、見ていたのでしょうか？　本当に、お母さんが患者さんから感謝されている姿をいつも目にしてきたのでしょうか？　と問いかけるとほとんどのケースで言い直されます。

例えば、「幼少期から父が患者さんのことについて私に話す目が非常に優しく……」

「犬の散歩をしていると母の病院にかかりつけの患者様から本当にあなたのお母さんにはお世話になっているから宜しく伝えておいてねと実感を込めて毎回、挨拶をされて……」

このように変えるだけでも全く印象が変わってきます。面接試験において僅かなことの積み重ねが、このような大きな印象の差になることを認識してください。

③　長く詳しく話す場面と端的に答える場面のメリハリ付け

面接試験において受験生から多い質問が、「一つの質問にどれくらい時間をかけて答えれば良いですか？」という内容です。

たとえば、医師の志望動機、将来のビジョン、本学を志望された理由、高校時代最も頑張ってきたこと。これらは1分、場合によっては1・5分程度かけても良いでしょう。

逆に尊敬する人物は？　どの科に興味があるか？　最近、読んだ本は？　生きる信条としているものとは？　は端的に歯切れよく答えていきましょう。

第2部　MMI（マイクロ・ミニ・インタビュー）

1　アドミッションポリシーとの関連性

ＭＭＩにおいては先述したアドミッションポリシーの内容を尋ねるには格好の材料であるといえます。また個人面接の中で一題課されたりするなど年々、ＭＭＩを取り入れる大学は増加傾向にあります。一つ例を見てみましょう。

80代の女性が延命治療を受けています。夫は延命治療を受ける前の楽しそうな妻の姿を思い出し、もう延命治療を止めてほしいと思っています。しかし、その子どもたちはできるだけ母親に長く生きてほしいと願い、延命治療を続けることに賛成しています。

（1）なぜこのように意見が分かれてしまうのか。
（2）自分がそれぞれの立場だったらどうするか。

（２０１９東京医科大学・一般）

この問題も先程の東京医科大学アドミッションポリシーの中の項目2、3、4に合致する出題といえます。アドミッションポリシーがしっかりと頭に入っていればどの方向で回答すれば良いか指針は立つはずです。ＭＭＩにおいても絶えずアドミッションポリシーを念頭に置くことが非常に大切になっている一例といえるでしょう。

あなたは大事な進級試験を受けに入学に向かっています。人通りの少ない道でおばあさんに道を聞かれました。おばあさんは認知症を患っているようで話が進みません。
あなたならどうしますか。あなたが取る行動を理由も含めて述べてください。

（２０１７藤田医科大学・一般）

藤田医科大学のアドミッションポリシー（一部）は次の通りです。

◆地域の健康と福祉に貢献する熱意を有し、そのための努力を怠らない人
◆他の医療専門職と連携して、患者および地域住民の健康問題を解決するため、主体性を持って多様な人々と協働して学び、行動しようとする姿勢を有する人
◆誠実で協調性に優れ、柔軟な心と広い視野を持つ人間性あふれる人に成長していくための素直な心を持ち、努力を続けられる人

正しくアドミッションポリシーを体現した出題だと思います。

「ハゲワシと少女」ケビンカーター氏撮影の写真を見てどう思ったか?

金沢医科大学アドミッションポリシーで、「倫理に徹した人間性豊かな良医の育成」「豊かな知識や技術と思いやりの心とを兼ね備えた臨床医を社会へ送り出すことに」「主体性を確立するための自主学習を基本とした問題解決型の授業などを実施」とあります。

まずは医療に携わる者としてアドミッションポリシーにもあるように「助けたい」という思いやりの心を伝えるべきです。

その上でこちらもアドミッションポリシーにある通り何が自分にできるか(ユニセフへの募金活動の普及、国境なき医師団として現地での医療活動に携わる等)主体性を示す視点で回答すべきであると思います。写真の状況の説明に終始されてみえる受験生もかなりの数いたのが残念な題材です。アドミッションポリシーの意図がしっかりと理解されていれば状況説明だけで終わることはないはずです。

2 MMIを回答する上での手順

では、実際に問題文や絵画が渡されて1分程考える時間がもらえます。その時間に以下の作業をすることになります。まずは、アドミッションポリシーに照らし合わせて回答の方向性を決めます。

次に問題文や絵、図表から読み取れることを書き出していきます。その際、問題文にない条件があればそれも添えていきます。次に場合分けができるものに関しては場合分けを進めます。そこまで、整理ができたら一気に論理を構成します。その際にアドミッションポリシーに沿わない考え方はないか再度、チェックします。

論理立て場合分けに沿って回答していきます。最後に時間が余ったら自己の体験談、感想を盛り込みます。回答は3分程度の大学が多くなっています。制限時間を超過したら自動的に打ち切られるので、多少、短めで終えるようにしましょう。

3　グループ討論

グループ討論を採用している大学は次の通りです。

国公立大学

・旭川医科大学（前期／後期）、名古屋市立大学（前期）、富山大学（前期／後期）
・岐阜大学（前期）、滋賀医科大学（前期）、香川大学（前期）

私立大学

・東邦大学、日本医科大学、自治医科大学 ※本学での面接がグループ討論、金沢医科大学

・福岡大学・東京女子医大学（推薦）・北里大学（推薦）・藤田医科大学（総合）

1　グループ討論の有用性

個人面接に比べてグループ討論は事前の準備なく進めなければならず、初対面の人たちと組まなくてはなりません。受験者の本来の個性が出やすく医師としての適性が比較的容易に分かります。また、医学部の実習等共同作業で実施される場面も多く、医学部生の適性を測る上では本来、必須であるといえますが、採点の公正さ複雑さの点で普及が一部の大学に留まっているのが現状です。

2　グループ討論の注意点

グループ討論の出題テーマについては後頁の一覧にもある通り、高校生や20歳前後の受験生であればふれていて欲しい題材から出されるケースがほとんどです。まず、重要なことは以下に凝縮されるでしょう。

1ディベートではないので議論に勝とうとしない。
2知識量、知識の正確さは問われていない。
3人の話をよく聞く。↓聞かないと話せない。
4発展的に話をする。↓他者の意見の否定ばかりにならない。

5全体への気配り、協調性。
6新しい論点の提示（物事の多面的な見方）。
7論点の整理。

世にグループ討論のポイントのようなマニュアル本は数多く出回っており、非常に詳細に書かれているものもあります。ここでは、二次試験対策に膨大な時間を割けない受験生に対してこれだけは最低、押さえておきたいという点のみをご紹介することにします。

① グループ討論は、受験生の聞く力を試す試験です。グループ討論で最も大切なことは何か？と問われた時、私は最初に傾聴力を掲げます。そもそも「傾聴力」は全てのコミュニケーションの源だからです。

医師として「傾聴」できない方はとうてい患者さんの気持に寄り添うことはできません。「傾聴」できない方といくら議論しても平行線を辿るだけで何も生まれません。

グループ討論はそのことを試すこれ以上ない試験であるといえます。

よくグループ討論練習をしていると、「先に意見を言われてしまった！　後から意見を言うのは嫌だ！」と発言する方がいますが、グループ討論の目的を理解されると今度は「後から発言する方が有利なのですね」と受講後に感想を述べるのが印象的です。

② グループ討論はコミュニティーの形成力を試す試験

次にグループ討論で大切なのは「コミュニティーの形成力」です。具体的に言うとこのような討論が苦手な方にいかに上手く議論に加えられるか。さまざまな意見が出てきた時に書記を買ってでたり、論点が外れた方向で議論が盛り上がってきた際に軌道修正を施せたりとそのような場面で正常なコミュニティーを形成できる能力が問われているといえます。

③ 論点整理力

1、2と重なりますが、グループ討論においてはさまざまな意見が出てくる中で意見を集約して一体化させていく力、議論が四方八方に飛び交う中、本質から絶えず目をそらさずに、本来、議論すべき論点に引き戻す力。そのように物事の本質を捉え、絶えず整理していく姿勢が問われています。日常会話からもそのような姿勢を身に付けていきたいものです。

4 グループ討論で課される課題

国公立大学

国債削減のためどの税金を増やし、どの費用を減らすか

漢方のデメリットについて　（富山大学2023年）

国会議員も含め、男女が育休を取ることについて
スマートフォン、ＳＮＳの功罪
（岐阜大学２０２３年）

中国で遺伝子操作により、エイズを抑えた子供が誕生した文章を読む（２分）
・遺伝子組み換え技術を医療に用いることに賛成と反対に分かれて討論
「コロナ前とコロナ後の各国のオンライン診療の普及率」とオンライン診療の初診対応と初診以外対応の率」のグラフを考察。
・オンライン診療の利点と欠点をグラフに基づき討論
・オンライン診療専門医の大学で学ぶべき内容を討論
（名古屋市立大学２０２３年）

コロナ収束後、大学に適しているのは「対面のみ」「オンラインのみ」「対面とオンライン併用」を順位づける。
（滋賀県立医科大学２０２３年）

新型ウイルス感染症が５類に移行し、医療人が社会に貢献できることは何か
（金沢大学学校推薦型選抜２０２３年）

韓国の出生率0・81について思うことを自由に討論

三重県でも人口減少が進んでいる。その原因と対策について

（三重大学学校推薦型選抜2023年）

社会における中学校、高等学校の役割で重要なこと

社会における大学医学部の役割で重要なこと

（徳島大学学校推薦型選抜2023年）

四つのグラフと問題文を読み、大阪府民の医療について自分の意見を述べる

「養老先生病院へ行く」の文章と解説を渡され、2派に分かれて患者への医療について自由に述べる

（大阪公立大学学校型推薦選抜2022年）

私立

ゴーギャンの「我々はどこから来たのか 我々は何者か 我々はどこへ行くのか」

マネの「カフェ」にて を見て①一番気になったことを一人ずつ発表

②この作者の意図について話し合い結論を出す

（東邦大学2023年一般）

医療のグローバル化で求められる資質

友達の成績が下がったと相談されたらどのように対応するか（日本医科大学２０２３年一般）

医療現場で医療従事者が患者から傷害や暴行を受ける事例が発生している。
①　その理由について話し合う
②　それを防ぐために大学でできることを考える

ＷＥＢ診断や遠隔診療の利点、欠点とその解決策（福岡大学２０２３年一般）

マスクの正しい役割、ヘルマンヘッセ「年をとる」ことについて予防接種の創始者である「ルイ・パスツール」についての一部を読む
それらを読んで討論したいテーマを一つ考える（金沢医科大学一般）

若者の投票率が低い原因を資料から分析し、解決策を考える（藤田医科大学ふじた未来入試２０２３）

これらの課題からみると①社会に対して絶えずアンテナを張っていること②情報を得るだけ

でなく社会に主体的に参画意識を持つこと③さまざまな事象に対して柔軟な発想、姿勢を持って臨めているかが大学から求められているメッセージと考えることもできるでしょう。

日頃から社会科の先生にも参加してもらい、社会テーマに対して議論しあう場面を定期的に作ることも有効な手段といえるでしょう。その場合、他学部を受験する学生さんに入ってもらうのも新しい視点を持つうえで役立つでしょう。

第8章

あなただけの医学部合格への道標を作りましょう

人それぞれ医学部を受験するにあたって置かれた環境が異なります。受験生の数だけ受験に対する考え方、仕方があるといっても過言ではありません。

それぞれの立場において道標を立てやすくする為に参考になりそうな点を早見形式で挙げておきます。ぜひ、有益に活用していただきたいと思います。

現役生の場合

まずは、学校推薦型選抜入試、総合型選抜を視野に入れましょう。各学校の評定平均をクリアすることが前提になりますから、定期試験対策もそつなくこなす必要があります。

推薦段階から併願が可能な私立大学医学部

近畿大学、関西医科大学、大阪医科薬科大学、藤田医科大学ふじた未来入試（国公立合格のみ辞退可）、東海大学希望の星入試

評定が関係ない学校推薦型選抜入試、総合型選抜

近畿大学、久留米大学、藤田医科大学ふじた未来入試、川崎医科大学中四国選抜、金沢医科大

学総合型選抜

理科無で受験できる学校推薦型選抜入試、総合型選抜

愛知医科大学、藤田医科大学ふじた未来入試、福岡大学、久留米大学（近畿大は理科１科目のみ）

数Ⅲが不要で受験できる学校推薦型選抜入試、総合型選抜入試

愛知医科大学（２０２５年度から）藤田医科大学ふじた未来入試、近畿大学、久留米大学、金沢医科大学総合型選抜

東海大学希望の星入試（共通テスト）

基礎学力試験を課す学校推薦型選抜入試

岩手医科大学、帝京大学、獨協医科大学、東京医科大学、聖マリアンナ医科大学、北里大学、昭和大学、日本大学（新潟地域枠）、埼玉医科大学

思考力試験（適正試験）のみを学科試験に課す入試

東邦大学、東京女子医科大学

現役生を指導していて、まず絶対的にハンディーになるのが理科です。理科を2科目仕上げるのは現役生にとって実に至難の業です。また、現役生と浪人生で最も差が付くのも理科です。学校に通わなければならない現役生にとって私立一般、共通テスト、国公立前期をこなすのは相当の難技といえます。まずは理科の無い推薦、総合型選抜を考えるのも現役生ならではの戦略として有効です。加えて、基礎力試験に関しては数ⅡBまでと理科は基礎程度であることが大半です。また、東邦大学総合型、東京女子医科大学推薦のように高校の学科試験と関係のないところで評価される試験というのも面白いといえるでしょう。

この2校に関しては、一般入試では医学部受験に太刀打が難しいという受験生でも挑戦してくる入試であることも特徴的です。高校の基礎のところで判断される内容としては川崎医科大学総合型、金沢医科大学総合型があります。

次に、先に挙げた推薦の段階から「併願が可能な入試」を一つ押さえて、国公立に専念するとか、より私立上位校に専念できるよう対策できるようにする為、押さえておくのは非常に有効な方法です。

また、東海大学希望の星入試のように学科試験が共通テストのみというのも国公立との併願の方にとっても有益でしょう。

次に国公立推薦を受験することも現役生の場合、考えられます。評定平均が4・3以上、小論文、共通テストという受験形態が大多数です。

地域枠が条件になっている大学もあるので、卒業後の勤務地条件もしっかりと確認しておくことが必要です。地域枠の特性上、共通テストの得点率は一般入試のボーダーより低くなるケースが多いのです。

浪人生の場合

浪数の浅い方であれば学校推薦型選抜入試、総合型選抜から受験する方法もあるでしょう。推薦入試で一浪まで門戸を広げている大学は、岩手医科大学推薦、埼玉医科大学、日本大大学、東京女子医科大学、愛知医科大学、藤田医科大学ふじた未来入試、近畿大学、金沢医科大学（指定校・地域枠）久留米大学（一般推薦）東邦大学（総合入試）などがあります。

二浪まで門戸を広げている大学は、岩手医科大学総合型選抜、関西医科大学（地域枠推薦）、産業医科大学、久留米大学（特別枠）です。

条件が当てはまる大学があれば積極的に挑戦すべきです。一浪生は、現役時に十分、学習が積むことができなかった学生の場合、現役生にほぼ等しいケースも往々にしてあります。その場合、現役生と同じことが当てはまります。

次に浪人生の場合、学習に充てる時間が大いに取れますが、高校の生活から大きく変わりますから、生活リズムが狂うケースも見受けられます。

時間の使い方を今一度、見直したいですね。更に浪人したのでより高いところを目指し、肩に力が入りすぎている方も見受けられます。今一度、春先に信頼できる方とご自身の適性について検討されて目標校を設定されることが浪人生活を送る上で大切だと思います。

また、共通テストを利用する場合は秋以降、そちらに比重を割かざるを得ません。

私立のターゲット校は初秋にも過去問題を最低、2年分は解いておきましょう。

多浪生の場合

多浪生でも受験可能な学校推薦型選抜入試、総合型選抜

川崎医科大学総合型選抜（四浪まで受験可能）金沢医科大学総合型選抜（受験年度の４月時点で25歳以下）、東邦大学（千葉、新潟地域枠推薦、同窓生子女枠）

多浪生の場合、たいていは出来ている教科と出来ていない教科を自己分析してしまっているケースが多くあります。また、教科間で偏りがあることも少なくありません。再度、現実を見つめなおして特に偏差値が伸びていない教科に関しては基礎テキストから立ち返り、認識を捉えなおすことが肝要になってきます。私の主観では２０１９年度の東京医科大学不正入試で文科省からの粛清指導が為された関係で多浪生でも以前より門戸が広げられた感があります。

ここ数年、岩手医科大学、北里大学で一次合格者に対してほぼ繰上げが回ってきている印象があります。

上位校でも関西医科大学は、繰上げが多い印象があります。メルリックス学院で生徒指導している中で前述の２大学の他、東北医科薬科大学、聖マリアンナ医科大学、大阪医科薬科大学、近畿大学、久留米大学に進学される割合が多い印象があります。

最後に多浪生から相談を受けていると「多浪を差別しない大学を教えて欲しい」という相談をよく受けます。多浪生できちんと合格されてみえる方は以下のことを確実に実践されております。是非、心に留めておいて欲しいです。「第５章の成功者の勉強法」でご紹介した言葉を再度、紹介します。「再受験だから、高齢だから、という情報に惑わされない。点数をとったら受かるはず。今から若返ることはないのでそこを考えても時間の無駄。年齢相応に頑張ってきたことがあるなら「受験に失敗したってなんとか自活できる」とドンと構えていました。ダメだったら点数が足りなかっただけのことです。

また、日本の医学部受験を断念して次の道を探す時にチェコ、ハンガリーの医学部を受験する方法もあります。7年間の期間を経た後、卒業試験に合格するとEUでの医師免許が取得でき、更に日本での医師国家試験の受験資格が得られることになるのです。今後、政府もこの形態を奨励していることもあり、国内での需要も増えてくるものと思われます。

今回は紹介程度に留めておきますが、興味ご関心がある方は「海外医科大学事務局」のサイトを参照してください。

https://www.medical-u.org/inquiry/access.html

再受験生の場合

国公立医学部の編入試験を受験される方が多いですが、現実的には医療系英語、生命科学、小論文が課され、理学部修士課程を修了する程度の学力を要求し、人数も5名程度と非常に少ないケースがほとんどです。また、群馬大学編入試験の小論文も英語と小論文ということで、メルリックス学院でもお問い合わせを受けることもありますが、英文の中身は生命科学であり、生命科学の知識が必須になってきます。特に文系だった方が医学部編入試験を近年、志されることが多いですが、厚い壁に阻まれてしまうケースがほとんどです。現実的には旧帝大、早稲田大学、慶應義塾大学理系学部出身者や生命系学部修士課程の方からの合格者が圧倒的に多くなっています。

私立文系出身者でも取り組みやすい試験としては、以下のものがあります。

東海大学展学のすすめ、獨協医科大学（総合型選抜）、北里大学編入試験、東邦大学（新潟、千葉地域枠推薦）などです。

この中では10名の枠を持つ「東海大学展学のすすめ」は英語、小論文、プレゼンテーション、個人面接で受験できるので文系の方で最も取り組み易い試験だと思います。英文の内容も、生命科学だけではなく幅広いジャンルから聞かれます。もちろん、生物、化学の知識も英文の中で問われるので、必要に応じた理科の知識も入れておきたいです。

次に獨協医科大学（総合型選抜）ですが、英語が重視で、理数の問題も難解な問題もいくつかありますが、現実的には英語の出来で勝敗は決しているようです。文系出身者でもつけ入る隙は十分にあります。ただ、栃木県の医療従事者を選考する趣旨があり、合格者に関して2023年度は1名、2024年度は0名であり、基準を満たすものがいなければ無理して入学者を選抜しないので、非常にハードルが高い試験であることは否めません。東邦大学（新潟、千葉地域枠推薦）は多浪生のセッションで述べた通りです。北里大学編入は教科的には11月に実施する推薦入試と同じ基礎学力検査（英語、数学化学、生物）4科目で100分間の記述式試験が課されます。高校の基礎的な生物、化学の素養が必要です。

理系再受験生には以下の二つの入試があります。岩手医科大学学士編入試験は、歯学部を卒業して3年以内の方を対象に岩手医科大学医学部3年に編入できる制度です。例年若干名の募集であり、試験科目は生命科学全般、小論文　面接です。

久留米大学は4年制以上の理系学部を卒業後、3年以内か6年制大学（歯、薬、獣医学部）の場合は満27歳以下の対象者に受験資格が与えられる試験です。（募集：2名）

最後に、再受験（特に社会人、主婦の受験生）の場合、上記の科目負担の軽い試験に目を奪われがちですが、東海大学展学のすすめは編入試験の時代から受け続けている方もかなりの人数いるのが現実です。何回かチャレンジして結果が出ない場合は潔く一般試験を見据えるのも有効だと考えます。特に帝京大学（一般）、東海大学（一般）、金沢医科大学（後期）のように科目負担が少ない大学もあります。次に編入試験から一般入試に切り替えて成功を集中にしたK君の記事、東海大学展学のすすめを突破したAさんの記事を紹介します。参考にしてください。

編入試験から一般入試への路線変更

▼メルリックスに入学した理由

最初、メルリックスに足を運んだのは、面接対策の時です。私は元々文系大学出身で、国公立編入試験での医学部合格を目指していました。その面接対策でお世話になった時、本科生と代表との仲の良さを何度も目にしていました。とてもアットホームな所だなという印象が強くありました。

メルリックス側からの強い勧めもあり、編入試験から一般入試の受験に切り替えました。データも見せていただき、十分、納得して切り替えることができました。しかし、切り替えてみたものの文系出身の私がゼロからスタートしても大丈夫なのか、という不安が常にあったのも事実です。でも、そのアットホームな印象から、「ここでなら、勉強においても、受験においても見捨てられずにサポートしてもらえる」と思い、入塾しました。

▼メルリックスでの印象的なエピソード

大阪校の最大の特徴は「家族のような存在」であることだと思います。私は予備校生活の中で、常に成績が安定せず、精神面でつらく感じていました。そんな時は決まってスタッフの方々の所に相談に行っていました。自分の不安な気持ちをすべて受け入れて、耳を傾けるだけでなく、その解決策まで提示してくださいました。本当につらく、投げ出したくなる時もあった予備校時代。それでも、スタッフの方々のおかげで、勉強面はもちろんのこと、精神面でも高いモチベーションを維持できたことで、合格に繋がったと感じています。

▼後輩へのメッセージ

講師の先生方から配布されるプリント教材は、本当に役に立ちます。さすがはその道のプロです。ただ、大量にある教科もあり、全てを持ち歩くのは難しかったので、私はいつもｉＰａｄにスキャンして活用していました。いつでもどこでも全ての資料を確認することができるのは私にとってとても大きなメリットでした。

実際に、入試会場でかなり前の資料を確認したいと思った時も、データを入れていたおかげで、確認することができました。何より、確認したことが直後の入試に出題されて「あ！」と思ったことを覚えています。

▼入試での印象に残ったエピソード

入試の時、心がけていたことは、試験問題を受験当日に復習しておくということです。私は複数校受験していたので、時間が厳しいときもありました。試験が終わる時間が遅く、翌日も入試、ということも多々ありました。

それでも必ず、受験したその足でメルリックスへ足を運び、復習し、疑問点は先生やスタディーサポーターの方に質問することで解消するようにしていました。そのおかげで、別の大学の入試でも何度か同じような問題が出題されても、ミスすることなく解くことができ、1点でも多く得ることができたと思っています。

▼後輩へのメッセージ

医学部受験は本当につらく大変なこともたくさんあると思います。私も精神的につらい時期が多くありました。でも、逃げずに続けられたのはメルリックスのおかげだと思っています。皆さんもコツコツ努力を積み重ねれば、必ず努力が報われる日が来るはずです。苦手なものでも少しずつやり進めていけば、できるようになります。

小さな「できる」を集めて、大きな自信にしてください。そして「私はできる」と自分を信じてあげてください。最後にその道のプロの言うことには耳を傾けて下さい。「思い込み」を捨てることで合格は必ず近づきます。

初めて実施された「展学のすすめ」で見事合格！

▼メルリックスに入学した理由

元々文系出身ということで英語が得意な一方で、数学や理科は現役時代に受験で使っていなかったことからほとんど初学の状態でした。

そういった状況だったため、基礎から丁寧に教えていただける予備校を探していました。

そうしたなかで東海大学の編入試験対策を筆頭に再受験生に対する指導力に定評があるメルリックス学院を知りました。母と実際に訪れ、ここでなら頑張れると感じ入学を決めました。

▼入試での印象に残ったエピソード

私が受験した年はちょうど「展学のすすめ」が始まった年で、一般編入学試験と展学のすすめを両方とも受験することができました。2回とも一次試験で隣の席の方が同じご年配の男性でした。また、展学のすすめは一次試験を突破できたので、二次試験の対策を佐藤代表に何度も熱心にご指導いただきました。そのおかげで無事に合格することができました。

また、獨協医科大学総合型選抜入試の一次にも合格できました。数学、理科の問題が難しすぎて絶対に不合格と思っていましたが、合格できたのが驚きでした。

▼思い出のテキスト

英語の山下先生のオリジナルプリント（ハイパーレッスンブック）、生物の福井先生のオリジナルプリントとその復習のためのリードＬｉｇｈｔノートで生物がかなり伸びたと実感しました。

▼後輩へのメッセージ

理科や数学がほとんどまっさらな状態だった私でも約1年半で医学部に入ることができました。それは自分に適した受験戦略を立てて、やるべきことをコツコツ行うことができたからです。みなさんにもさまざまな特徴があると思います。その特徴を理解し自分だけの受験戦略を立て、それに沿って日々頑張ってください。

第9章　受験情報センターを立ち上げて

「医学部受験は情報戦だ」の真意

メルリックス学院 医学部・歯学部受験情報センター センター長 鈴村《すずむら》倫衣《みちえ》 執筆

●受験情報センターの立ち上げ

「医学部受験は情報戦だ」という言葉をよく聞きます。私はまさにその情報のど真ん中にいると言えるでしょう。日々、校舎にいる生徒たちから直接入ってくる情報、大学の入試担当者と直接やり取りした情報、生徒の保護者から聞く同窓会でまことしやかに囁かれている情報……その中には外部に他言できないようなものから真偽がわからないものまでいろいろと含まれています。

メルリックス学院は渋谷校・名古屋校・大阪校の3校舎があり、多くの生徒と講師が在籍しています。

規模が大きくなるにつれ、医学部専門予備校として受験情報を統括して発信する部署が必要になってきました。そこで、現在の佐藤代表が「私立だけでなく国公立医歯学部の情報も含めて収集・分析するシンクタンクを設立したい」とのことで、医学部・歯学部受験情報センターが発足しました。

ほぼ四半世紀にわたって、医学部受験の最前線でさまざまな情報に触れてきた私の眼から見た「医学部受験は情報戦」という言葉の本当の意味、そして医学部専門予備校における「情報」の位置付けについて語りたいと思います。しばらくの間、おつき合いいただければ幸いです。

●医学部専門予備校とメルリックス学院の役割

そもそも医学部専門予備校というのは、どうしても医学部に行きたい、医師になりたいという方々が集まってくるところです。生徒に開業医の子女が多いと言われるのもそのためです。もちろん、志望校を目指して生徒たちは一生懸命に勉強していますが、医学部に行かなければ医師にはなれないため「医学部であればどこでもいい」と受験校のアドバイスを求めてくる方も少なくありません。

さらに、１９９０年代半ばから医学部人気が高まり、国公立はもちろん私立医学部も河合塾の全統模試で偏差値60以上なければ合格が厳しいという状況になりました。同窓生の子女でも簡単には合格できなくなり、より一層「医学部であればどこでもいい」という方が増えてきました。

ちょうどその頃から、一般入試だけでなく推薦入試（現在の学校推薦型選抜）やＡＯ入試（現在の総合型選抜）、センター利用入試（現在の共通テスト利用選抜）などの入試方式が増えてきて、医学部受験が複雑化・多様化すると同時に、高校や大手予備校の進路指導では対応できないという相談が増えました。メルリックス学院に通っている方だけでなく、外部の方からの問い合わせが爆発的に増えたのもこの時期です。インターネットの進化と共に、医学部受験に関する真偽不明の情報が飛び交うようになり、そのこともあって「医学部専門予備校なら正しい情報を知っているのではないか」と考える方々が増えたのでしょう。

メルリックス学院は早くから私立医学部の推薦入試やＡＯ入試を受験する生徒たちをサポートしており、そうした受験者の少ない入試の情報も自然と集まってきていました。私立医学部の推薦入試やＡＯ入試は問題を非公表としている大学も多く、いわばブラックボックス化していたために「同窓生の子女でなければ受からない」「非医師家庭は不利」などという噂が囁かれていた時代もありました。今では信じられないことですが、そういったブラックボックス化していた私立医学部の入試情報を誰もがわかりやすい形で提供することで、多くの方々に医学部の門戸を開くきっかけになったのではないかと自負しています。

志を持った方であれば、医師家庭であろうと非医師家庭であろうと関係なく、医学部に合格していただきたいというのが設立当初から変わらぬメルリックス学院の理念です。そのために多くの入試情報を集めてそれを分析し、それぞれの生徒に合ったやり方で合格をサポートしていくのが社会的使命であると考えています。

●医学部の不正入試事件で何が変わったか

さて、２０１４年度には私立医学部一般入試の志願者数がのべ10万人を突破するなど、少子化をものともせず医学部人気は盛り上がっていました。２０１６年には東北医科薬科大学、２０１７年には国際医療福祉大学に医学部が設立され、地域枠などで定員が増えているにも関わらず他学部とは異次元の倍率で入試が行われていました。

そんな中、２０１８年に東京医科大学の不正入試事件が発覚しました。この事件をきっかけに全国の医学部に文部科学省の調査が入り、最終的に10の大学で不正入試を行っていたことが公表されました。学生募集要項に記載がないにも関わらず、女子であることや浪人年数に応じて不利な扱いをしたり、特定の受験生を優遇したりしていたことが大きな社会問題となりました。

長く医学部受験の情報を扱ってきた身としては、これを機に情報開示が一気に進むのではないかと期待しました。すべての大学で入試問題が持ち帰れるようになり、合格者の年齢比・男女比がつまびらかに公表され、ブラックボックスだった推薦入試やＡＯ入試の配点や試験内容も明らかになるのではないかと思いながら情報を追いかける日々が続きました。

しかし、結果として思ったほど大学の情報開示は進まず、以前に比べればグレーゾーンははるかに少なくなったものの、医学部受験が抜本的に変わるところまでは行きませんでした。

もちろん不正入試が発覚して以降、女子の入学者が男子を上回る医学部が珍しくなくなり、同窓生子女入試が独立して行われるようになるなど、以前と変わった点は多々あります。しかし、この次の項で述べますが、医学部受験はむしろ時代の要請により新たな変革の途上にあります。

●高大接続改革が医学部受験に与える影響

近年、さかんに言われる高大接続改革。大学受験は「大学に入るための試験＝入試」ではなく、「その大学にふさわしい高校生を選ぶ方法＝選抜試験」へと名前を変え、２０２５年度には新課程による選抜試験への移行を控えています。２０２１年度から実施されている共通テストも、これまでのセンター試験のように知識偏重型ではなく、知識をもとにした思考力や判断力を問うものとされ、問題の文章量が増加してＬＩＮＥなどの短文に慣れた今の子どもたちには対応が難しいものになっています。

高大接続改革というのは、要するに高校教育と大学教育を密接に連携させることにより、グローバル化やＡＩの発展など新しい時代に対応できる人材を育てようという国の施策のことです。これまでの「大学に入ることがゴール」「学歴は就活のためのパスポート」という考え方ではなく、むしろ「大学で何を学ぶか」を重視し、そのための準備を高校教育の段階から始めようというのが狙いです。大学が高校生を呼んで一日体験を実施したり、大学と高校が提携して内部進学や指定校推薦の枠を増やしたりしているのも、大学に期待することと大学で学ぶことのギャップを少なくするために行っている改革の一環と言えるでしょう。

とはいえ、実際のところ大学にとっては「高校生の早期確保」が目的であり、高校にとっては「進学実績を上げる」ことで生徒募集にメリットがあるというのが、急激に少子化が進む中での現状でしょう。年内入試と呼ばれる学校推薦型選抜・総合型選抜の募集定員は年々増加しており、文部科学省も「入試の多様化」としてそれを奨励しています。

そんな中、医学部はもともと「医師免許を取るため」に行く大学であり、高大接続改革が言われる前から既に職業教育の場として大学が認識されていました。また、少子化とは関係なく受験者を集めており、当初は高大接続改革の影響は微々たるものに過ぎませんでした。

ところが医学部不正入試事件により、性別や年齢、住んでいる地域で特定の受験生を優遇することが原則として禁じられました。さらに地方の医師不足は深刻になる一方であり、2024年4月からは働き方改革が医師にも施行されることにより、全国的な医師不足はまぬがれない状況となりました。さらにコロナによるパンデミックもあり、もはや医療現場は個々の医師の頑張りだけではどうにもならないところまで来ています。

　こういった状況から、医学部受験の世界にも多様化・複雑化の波が押し寄せ、一般入試の定員が少しずつ減って地域枠入試や同窓生子女入試などの募集が増えてきました。2023年現在、国公立医学部で「年内入試」を行っていないのは千葉大学と九州大学の2校だけであり、私立医学部に至っては東京慈恵会医科大学1校のみという状況です。

　もともと不正入試事件は「入試＝就活」という医学部の特殊な構造が生み出した差別でしたが、もはや医療現場の窮状はどうにもならないところまで来ており、今後医学部定員が段階的に削減されていく中でも地域枠は拡充の方向にあります。また、日本の社会構造が大きく変わっていく中で医師に求められる能力もまた多様化しており、そのための人材を新しい入試方式で募集するという形が徐々に鮮明になってくると思われます。

●実際に起きている医学部受験の変化

　それでは実際に現時点でどのような変化が医学部受験に起きているかを、五つの大学に絞って見ていきたいと思います。

①東京医科大学

不正入試事件の端緒となった東京医科大学ですが、近年では最も熱心に入試改革・教育改革に取り組んでいる大学のひとつです。「東京医科大学の入試をウオッチしていれば医学部入試のトレンドがわかる」と言ってもいいほどです。

２０２３年現在、東京医科大学は学校推薦型選抜（以下「推薦」）・一般選抜（以下「一般」）・共通テスト利用選抜（以下「共テ利用」）の三つのルートで学生募集を行っています。募集形式としては非常にスタンダードです。地域枠も拡充傾向であり、現在は茨城県・新潟県・埼玉県の３県を合わせた13名を推薦で募集しています。

また、２０２４年度からは地域枠の他に新しく「全国ブロック別選抜」が推薦で導入されました。これは全国を六つのブロックに分けて各ブロック1名ずつを募集する制度であり、全国から優秀な人材を集めて学生の多様性を確保すると共に、通常の地域枠のように卒業後の勤務地や勤務年限に制限を設けることなく、出身地の地域医療に従事する人材を集めることができるため、将来にわたって日本の地域医療に貢献する医師を輩出する社会的貢献度の高い制度と言えます。

以前、昭和大学も似たような制度を設けていましたが、併願制のセンター利用（当時）という形式で思うような受験生が集まらなかったのか２０２２年度に廃止となりました。東京医科大学の制度は専願制の推薦ですが、志願者の少ない地域でどれくらい受験生を集められるかが成功のカギを握っていると言えるでしょう。

さらに2025年度からは新しく「英語検定試験」を利用した推薦と、推薦と同じ試験日・同じ内容で行われる「学士選抜」の募集が始まります。この英語検定試験利用制度は医学部でも徐々に広がりを見せており、中学・高校の頃から国際的な視野を持ち、学習意欲の高い受験生を選抜する制度として機能しています。

また「学士選抜」は再受験生にとって高いハードルとなりやすい学力試験の負担を軽減することにより、文系・理系を問わず基礎学力のある再受験生を早い段階で確保する狙いがあると思われます。一定数見込まれる再受験生をどのように選抜するかは医学部によって方針が分かれており、学士編入選抜そのものは国公立・私立共に減少傾向にあります。ただ、東京医科大学の「学士選抜」は1年次4月からの入学であり、編入ではないものの出願資格を再受験生に限定しているという点で、東海大学の「展学のすすめ」と同じ種類の入試制度と言えます。

以前、東海大学の医学部長だった黒川栄誉教授が提唱した「アメリカ式のメディカルスクール構想」は日本には根づきませんでしたが、再受験生を別枠で募集する選抜形式は今後他の医学部も追随するところがありそうです。

②関西医科大学

２０２３年度入学生から学費を大きく下げて２１００万円とし、志願者数を前年比４割増と大きく伸ばしました。関西の雄である大阪医科薬科大学と難易度で並ぶ存在となっただけでなく、がん治療の世界的権威である小林久隆医師を所長に迎えた光免疫医学研究所の開設や、留学生寮や国際化推進センターを備えた関医タワーの竣工など、新しい時代を見据えた動きが活発化しています。これまでの私立医学部は「良き臨床医」を育てることが主たる教育目標でしたが、今後は研究や海外にも目を向け発展していくことが求められる時代が来たと感じます。

以前から推薦と同じ日程で併願制の「特色選抜」を実施しており、英語型・国際型・科学型の３区分で募集しています。２０２５年度の新課程入試への移行を控えて、さらなる入試制度の改革が予想されます。いずれにせよ、臨床と研究の両方に興味があり、国際的な視野を持つ受験生を広く募集する方向に進むでしょう。

③藤田医科大学

関西医科大学と同様に、研究と海外に目を向けた改革を進めているのが愛知県にある藤田医科大学です。藤田医科大学の入試改革における方針は「国公立医学部を志望している受験生を取り込む」とはっきりしています。国公立医学部医学科に合格した場合のみ入学を辞退できる

「ふじた未来入試」はその典型的な例でしょう。共テ利用も前期・後期共に実施しており、国公立志向の強い東海地方の医学部受験生を取り込むことには成功していると言えます。2024年度入試では、一般前期の1次試験が2月4日と初めて2月に入ってから試験を行います。今後は東海地方だけでなく全国の受験生の認知度を上げることが課題であり、難関校の1次試験が並ぶ2月上旬に食い込んできたことで志願者層に変化があるか注目しています。

④東邦大学

以前から羽田が近いこともあって国際性をアドミッション・ポリシーに掲げ、一般入試においても英語の配点が高い大学です。2025年度入試から「統一入試」を行うことが発表され、医学部の他に薬学部・理学部・看護学部・健康科学部を併願できるマークシート方式の入試が2月下旬に行われます。これは日本大学と同じく、医学部だけでなく他の学部も併願できる制度で、現役志向が強く多浪を避ける傾向がある今の受験生にとっては魅力的だと思われます。

ただ、易問高得点型のマークシート方式は医学部の選抜試験としてはやはり心もとない点があるのか、日本大学と同じように東邦大学も二次試験で筆記試験と面接を行うとしています。また、医学部のみ出願資格に英語外部検定試験の基準が設けられる予定です。おそらくは英検2級ないしは準1級程度のスコアが必要になると思われます。

⑤北里大学

高大接続改革の一環として、学校法人北里研究所と順天中学・高校を設置する学校法人順天学園が2026年に合併する予定です。順天中学・高校の名称はそのまま残り、2026年度から北里大学の附属校として内部進学が始まる見込みとされています。北里大学は生命科学の総合大学として8学部16学科を擁しており、高校と大学双方にとってメリットのある合併だと思われます。附属推薦が医学部にも導入されるかは今後の発表を待つことになりますが、おそらくゼロということはないと思われます。そうなれば、これまで協定や提携にとどまってきた医学部と高校の関係としては一歩踏み込んだものになります。現在、北里大学医学部は指定校推薦で地域枠と合わせて41名を募集しているため、附属推薦の定員はそれほど多くないと思われますが、ほぼ合格が保証された内部進学制度は中学・高校受験の段階から注目を集めそうです。

●変わらない大学が変わるタイミング

こういった受験の話題になると、必ず新しいことを導入したり改革を行う大学が取り上げられたりしていますが、敢えて変わらない大学も挙げておきたいと思います。

現在、私立医学部で唯一、定員105名を一般のみで募集している東京慈恵会医科大学は近年繰り上げ合格者数が減少しています。繰り上げ合格者が減っているということは入学辞退者が少ないということであり、それはとりもなおさず他の大学、特に国公立医学部に合格して抜ける受験生が少ないことを意味します。

2024年度入試では、これまで2月10日前後に行っていた1次試験を慶應義塾大学の前日である2月18日として、国公立医学部と併願している受験生にとっては受けやすくなりました。しかしこの日程変更にどれだけ効果があるかは未知数であり、抜本的な入試改革が行われない限り、大学側が望む受験者層は戻ってこないのではないかと思われます。

現在の松藤医学部長は2024年3月で定年退任となるため、そのタイミングでおそらく何らかの入試改革が行われると予測しています。まずは定員の一部を「英語資格検定試験」を出願資格とする入試制度に割り振るなどの変更が考えられます。ただ、募集人数としては5名単位でそれほど多くないと思われるため、共通テスト利用や以前のように一般を前期・後期に分けるなどの改革があるかどうかに注目しています。

●受験情報センターが目指す今後の方向性

さて、ここまで読んでくださった皆さまには「医学部受験は情報戦だ」という言葉の意味が、時代と共に変わりつつあることを理解いただけたと思います。以前はブラックボックス化していた入試情報を多くの方々に伝えることが大きな役割でしたが、今はめまぐるしく変わる医学部の入試制度を整理して分析し、この制度はどういった受験生に有利かといったことをわかりやすく伝えることが肝要だと考えています。

そのためには、毎年11月に発行している『私立医歯学部受験攻略ガイド』の内容をますます充実させていくことはもちろん、昨年から発行している国公立版の内容をさらに充実させ、国公立と私立医学部の両方を併願する受験生にとっても役に立つものにしていきたいと思います。

さらには編集の過程で各大学の入試担当者とやり取りをしていますので、今後も積極的に情報交換をしていきたいと考えています。これまでも大学からどうすれば志願者を集められるかといったアドバイスを求められることが多々あり、そのたびにこれまでの知見からできる限りの情報をお伝えしてきました。入試がますます多様化する中で、すべての医学部の入試情報に精通していることが少しでも大学の学生募集のお役に立てればと思っています。また、いくら医学部入試の情報を収集したところで、机上の空論では本当の意味で受験生の役に立つ情報を提供することはできません。医学部専門予備校として、東京・名古屋・大阪と異なる地域に3校舎を構えているメリットを活かして、日々生徒たちの動向をウォッチしながら生きた受験情報をこれからも発信し続けていきたいと考えております。

第10章

合格者そのご父兄、教務との座談会を通して合格への道標を考える

■特別合格体験談

保護者さま・合格者 親子インタビュー

メルリックスの先生方は誠実でした。

誠実さにひかれて、うちはここにお世話になることを決めました。

息子さんを無事医学部へ送り出すことができたFさん。

メルリックス学院入学前から合格までを振り返りながら、さまざまな思いを当校の伊藤教務主任と語っていただきました。

●メルリックスを選ばれた決め手は？

◎決め手となったのは、最初に対応していただいた職員の方の対応が、とても誠実だったことです。うちの子は成績が悪く、受験自体をやめてしまうか、どうするかという本当に瀬戸際のところでした。そこをこちらの先生方に救っていただけたと思っています。勉強ももちろん大切なのですが、〝人〟というところに私は一番ひかれて、うちの子をお預けしたいと本当に心から思ってお願いしました。

●実際にお子さまを当校に預けられて良かったところは？

◎うちの子は成績が底辺からのスタートだったのです。本人の自尊感情も本当に低くて、これで受験を乗り切れるのかなという不安を私は抱えていました。家族だけではそこのサポートはできないと思い、先生方に「今、この子はこういう精神状態です。それも含めて助けていただきたい」と伝えたところ、きちんと理解していただけました。「君は能力があるよ」と声がけをしていただき、それで本人もだんだんと「そうかな、大丈夫かな」と自信をもてるようになり、あわせて成績もゆっくりですが上がっていきました。

ついていただいたSS（スタディサポーター）の方が、本当に彼に寄り添ってくれていて、それがありがたいなと思いましたし、その方の後ろを追いかけるような形で、一緒に勉強を進めていたのだろうなと思います。だからこの学校に通わなかったら、今のうちの子はないと本当に思っています。

●当校に預けられた2年間で、お子さまが変わられたと思うところは？

◎それは、すべてにおいてです。受験の成功ということは結果としていただきましたが、まず基礎学力をきちんとつけていただけたことが大きいです。基礎学力というのは大学受験の合格だけでなく、学ぶ姿勢の基本になると思っているので、それをしっかりつけていただけました。

それと、彼が今後、医療の道を進む医師としての覚悟のようなものもつけていただけたと本当に感謝しております。

●お母さまは定期的に当校に来られていましたが、その時の我々との会話の中で、何か心に残っていることはありますか？

◎それはもう、たくさんあります。彼は今までとてもぐうたらな生活をしていましたので、寮生として預かっていただいて、ちゃんと毎日通えるのかという不安が最初の頃はありました。でもいつも「ちゃんと通っていますよ」と声がけしていただいて、親として安心をもらいました。親が安心することで子どもに「良かったね」と肯定的な言葉をかけられたことが大きかったです。

それから受験を目前にした時、本当に合格できるのだろうか、と私が不安になったのです。その時に、いつもお世話になっていたスタッフの伊藤教務主任に、私の不安な気持ちをお話ししたところ、ひと言「お母さん、心配しなくていいから。2次試験に連れて行ってな、待ってるで、って言ったらそれでいいから」と言ってくださいました。それで私は、この方がそうおっしゃってくださるのだから、きっと良い結果が出るに違いないと思えました。そのことを主人に伝えたところ、「伊藤さんがそう言うなら」と、我が家は簡単に納得しましたし、その言葉をいただけるまでの息子と伊藤さんとの良い関係性というのがあったんだろうなと思っています。

一昨年の金沢医科大学の一次合格で、我々としては普通にいけば翌年は大丈夫だろうとの確信がありました。2年目はスカラシップ生ということで来ていただいていましたが、合格まではやはり不安でしたか?

やはり受験生の親は、絶対というものはない、何があるかわからないという思いがあります。一昨年、金沢医科大学の一次合格をいただきましたが、その前にあった別の学校の試験の時に受験票を忘れたりと、いろんなアクシデントを起こしているので、絶対という安心はなかったです。ただ、息子を中心としたチームを組んでいただいた時に、「大丈夫やで！　一次」という声がけをしていただき、雰囲気も含めてすごく守っていただいているなと感じられたので、それは大変ありがたかったです。本人も基礎学力がある程度ついてきたという自信が、次の年につながったと思うのですよね。

それと、うちは経済的に豊かではないので、スカラシップをいただけたのは大変ありがたかったです。本人もそれが励みになりました。経済的な部分で助けていただいたなと本当に思っているので、それも感謝しております。そこは大きいです。彼の努力が実って、最終的には一次合格をたくさん取ることができましたね。

その一次合格の件は、ちょうどこの部屋で面談をした時に、数学の先生が（合格率を）すべてパーセンテージを出してくださったのです。すごいなと思ったのは、それで50％を超えた大学は、すべて一次合格したのです。驚いたと同時に、先生方の確かな目というものを感じました。先日も家に置いてあったその用紙を見返して、家族と「すごいよね、言った通りになっているから。やっぱりプロって違うよね」と話していたのです。息子一人のことをここまで見てくださっていたというのは、感謝でしかないですね。特に大阪校というのは少人数というところがあるので、そういった対応をしていただきやすい環境だったと思いますが、それが本当にありがたかったです。

●息子さんはムードメーカー的存在でしたが、幼い頃からそういったキャラクターのお子さんだったのですか？

◎ようやく大学に入ったので息子の部屋の掃除をしていたんですが、高校の時の調査書が残っていて。本来親が見るべきではないのですが、少し見てみたところ、成績は良くなかったものの、そこには「医師になる希望をもって」と書かれていました。それで本当に医師になりたかったのだなと、私たちは再確認しました。

それと、息子が小学校6年生の時だったと思いますが、お友達が骨折をして車椅子を使っていると話していたことがあったのです。その時に先生もできなかったお友達のトイレのお世話を、彼は毎回その子のトイレの時間に合わせてしていたと、先生からお聞きしました。先生に「僕はそこが抜けていたのですよ、お母さん。彼はすごいですね、そういうことができる子ですね」と言われたんです。そういう人の排泄のお世話ができるというのは、医療者としてどんな対応もできるということじゃないかなと思うのです。医療者になったら、きっといい医療者になれるという夢を、私はもっていました。

●ご両親が医師ではない環境で、なぜ息子さんは医師としての道筋をつけたのですか？

◎うちは公務員の家庭なので経済的には豊かではなかったのですが、卒業校の智辯学園和歌山は、わりと医学部を目指す子が多い学校です。小学生の頃からぼんやりと職業として医師に憧れはもっていたと思うのですが、高校の時のお友達の大半はご両親がお医者さんで、医学部に行くのがごくごく普通の環境だったことで、みんなが医師になるのなら、自分もなれたらいいなという思いはあったのかなと。でも、自分ひとりでは努力できなくて、というプロセスはあったと思います。

また私自身が、息子が物心ついた時から臨床心理士としての仕事をしていて、精神医療の部分の話をしたり、その姿を見ているので、興味をもった部分もあるのかなと思います。それと彼の兄も医学の道に進んだので、兄のすることは自分も、というところもあったのかもしれません。

メルリックスに来るまでは成績も良くなくて、どっち向いていくんやろと心配になるほど、本人は彷徨っている状態でした。そんな時に私が「もし神様があなたをどこかの人生に戻してくれとしたら、どこに戻してほしい？」と聞いたことがあるんです。そうしたら彼が「中2辺りに戻してほしい。それで勉強をやり直したい。それでちゃんと医師になりたいんや」と言ったので、あ、そこはやっぱり消えていないのだと。でも私たち親は、夢を叶えるための時間とバックアップの手伝いしかできないので、そういう環境を探そうと思って、最終的にこちらにお世話になることにしました。

●理想的な形ですね、本人の希望をご家族でサポートするというのは。素敵な家族ですよね。

◎結果的に素敵な家族に見えるかもしれませんが、そうなれたのは、ここでの2年間があったからだと思います。それがなかったら今につながっていないと思います。伊藤さんが当時､「本人はご両親の気持ちを十分わかったうえで、その思いを背負っている」と言ってくださって。いい成績をとってくれている時はうれしいんですが、息子はちょっといい成績をとると慢心するので、そうすると成績が落ちていく、そうすると私の気持ちが落ちていくということもありていました。でも、そういう時の伊藤さんやスタッフの方の声がけが絶妙なのです。「彼が落ちかかっている時に落ち切っていかないように、お母さんに状況を伝えるけれど、本人には言わないで」とか。その辺を、息子もですけど、私もうまく操作していただきつついう感じでした。ですので、伊藤さんを〝メルリックスのお母さん〟と我が家では呼んで、いろいろお願いしながらきました。本当に合格までの2年間は、メルリックスとの二人三脚だったと思います。

●医学部を目指すお子さんをお持ちの親御さんにアドバイスをお願いします。

◎子どもって、力があっても勉強するかしないか大事なポイントというのは、モチベーションです。そのモチベーションをどう上げてあげるかというのが一番大事だと思うので、それをメルリックスではやっていただけたと思っています。医者になりたいと言いながら、息子は自分の実力と合格点の差にずっと悩んでいました。勉強をしても受かるかどうかわからない、でも頑張ったらいけるよ、とモチベーションを上げることによって子どもは一歩ずつ歩んでいきます。

「うちの場合は正直言って、1年で合格してくれたらありがたいと思っていましたが、兄にそんな甘いものじゃないと言われて、私たちも2年かかるかもしれないなと思っていました。ただここまで成績を上げたら次はここが見えている、というような段階をきちっと見せていただいたというのが良かったです。その一歩一歩のゴールを見せて、アドバイスしてあげるということ。きちっと目標を設定して、達成したら次が見えてくるということを教えていただけました。

医学部合格という目標に向かっている途中の皆さん。合格までは簡単な道のりではないと思います。お子さんが夢をもたれていたとしても、どこまでいくと合格ラインかというのが見えなくて、親も子も苦しい時期もあるかと思います。その時に、本人にも親にもわかりやすく、あとこれだけ積んだら合格に近いよ、という風にアドバイスをしていただけたのが、うちの場合はメルリックスだったのです。ここの先生方の言葉やカルキュラムに沿って学んだら、一番合格に近いじゃないかな、ステップを踏んで上がっていけるんじゃないかなと、今振り返っても思います。

ですので、先生方を信頼して、医師への道を目指していただけたらなと思っています。こちらに来た時に、1年で合格は難しいかもねと言われました。兄も、そんな甘いものじゃないよと。医師になる勉強はもっと大変だから、大学受験ぐらいでいろいろ言っている場合じゃない。大学に入るまでの勉強なんて、医学部の勉強に比べたらどうってことない、とも言っていました。

でも、だからみんな医師になることに必死になっていくのだろうなと思います。それだけの価値のあるものだと思うんです。それを超えてほしかったのです、子どもには。

合格者のお母様

２０２２年の春、お兄さんに続いて次男を、無事、医学部へ送り出されました。以前からスクールカウンセラーとして中学や高校に勤務されていて、臨床心理士として〝相談・アドバイス〟を生業とされています。

ただ、我が子の成績や進路〝相談〟に関しては、親子の閉じた環境でもあり、中々上手くいかず、『進学問題』は手詰まりの状態が続いていたとのことです。

受験勉強に関してはもちろん、将来を含め信頼して息子を託せる、そんな環境を予備校に求めていたそうです。

伊藤教務主任紹介コメント

インタビュアーの伊藤教務主任。生徒によく声をかけ、呼び止めて立ち話をしているのですが、生徒からはまるで家のリビングで話しているみたいと思われているよう。伊藤自身も、自分の家族のように接する様から、メルリックス（大阪）のお母さんとも呼ばれています。

■F君インタビュー

仰々しい雰囲気というか、独特な雰囲気がなく『勉強したいのだったらそのサポートをするよ』という感じで、物々しさがなかった。

●仰々しいというのは、ほかの予備校はどういった感じでしたか？

◎ほかのところでは、まず「偏差値は？」とか、「どれくらい勉強してきたの？」といったことを聞かれました。基礎がない中で「確認テストを受けてみたら？」と言われ、学力を測るところからのスタートだったので。ほぼ勉強をしてこなかった自分には学力がないことはわかっていたので、メルリックスは確認テストを受けなくてもいいと言ってくれたのが良かったです。

●講師との思い出もあると思いますが、心の残っているエピソードはありますか？

◎主要4教科でお世話になった先生方がいます。英語の宮原先生は、休憩時間でも教えてくださったりだとか、プリントの質問をしても個別の授業であっても、先生の時間もいただきながら延長もしてくださったり、ずっとサポートしていただいて。直前期も対策をしてくださったのでお世話になりました。

数学に関しては、瀬川先生がわかりやすく教えてくださいました。自分の性格もわかってくれていたので、そのうえで問題の解き方とかを教えてくださったりとお世話になりました。化学の小川先生は自分には厳しい方なのですけど生徒には優しくて、ここは伸ばして、ここはできていないからしっかりと、という風に指導してくださって。個別授業でも最後みんなが取り合うくらいの人気講師でしたが、すごくお世話になりました。

苦手な物理に関しては、受験期はうまくのってくれたのですけど、直前1ヶ月2ヶ月くらいは結構苦戦しました。そういった中で上田先生がいろんな生徒のことを見ながら、僕のこともきちんと見てくださいました。メルリックスに2年間通ったんですけど、ここができていないっていうところと、どこがわかっていないっていうのを全部教えてくださって、僕のために個別を入れてくださったりもしました。そのほかの先生方ももちろんですが、そういった先生方には今考えるとめちゃくちゃお世話になったなと思います。

●最初の2年間は大手予備校に行っていて、その後メルリックスに来たわけですが、大手との違いは？

◎大手予備校に行っていた2年間は、僕は全然勉強しませんでした。そこでは勉強をしなくても、「しなさいよ」と言われるくらいで怒られないので。メルリックスに来てからの2年間でようやく勉強の仕方というものを探れて、自分でやり方がわかったというのがあります。

●これから受験する人に向けて、メルリックスのいいところは？

◎まず先生方が優しいですね。今まで全く勉強してこなかった、勉強の仕方がわかっていない、ただただ単語を覚えるだけの勉強をしてきた人もいるかと思います。メルリックスの先生はベテランの方も多いので、この生徒にはこんな実力があって、どういう勉強をしたらいいかというのをわかりやすく教えてくれます。それと事務の方々の雰囲気がアットホームで、通いやすい環境というのもいいところです。晩ごはんが出てくる感覚で夜の課題が出てくる、朝は朝ごはんが出てくる感覚で朝の課題が出てくる、みたいな感じというのでしょうか。おせっかいといえるところもありますが、そこはちゃんと人を見て対応してくれていると思うので。

それと大手予備校の授業は理解する間もなく流れてしまって、聞きたいことが聞けなかったりすることもありました。でもメルリックスでは、時には授業を止めてでも質問したりすることもありましたが、それができる環境であったと思います。

2022年春

近畿大学医学部医学科合格

その他の合格校　愛知医科大学医学部合格、福岡大学医学部合格

●お二方ともお子さまは一浪目でメルリックスに入学しましたが、一浪目で通っていた予備校を変えて、当校を選ばれた理由は？

Iさん：一浪目は本人の希望で個別指導の予備校に通っていたのですが、息子には1対1の個別の授業というのが合わなかったようで。それで二浪目は、息子が学びやすいほどよい人数で、今の立ち位置がわかるように、少人数制の予備校を探しました。

メルリックスを選んだ決め手となったのは、面談に伺った時に感じたこちらのカラーというか、家庭的な雰囲気にひかれたからです。教務の伊藤さんの〝お母ちゃん〟のような雰囲気も安心感があって、いいなと思いました。

Oさん：うちはIさんのところの逆で、一浪目は大人数で授業を受ける大手予備校に通っていました。でも大人数の集団授業では、自分に足りていない点などを客観的に理解して、自分で計画を立てていく力が育ちにくいと思うところもありました。

それで、二浪目は同じ轍は踏めないという思いでいろいろな予備校を見て、最後にメルリックスに伺ったのですが、何と言っても面談の時の雰囲気がすごく良くて。やはり、それがこちらを選んだ一番の決め手でしたね。伊藤さんが大阪のお母さんという存在になっていただけるのではないかと感じ、遠くからでも安心して送り出せると思いました。

Iさん：それと、こちらでの面談の際に、昨年度の合格者数と合格するまでの経緯、苦手科目の克服対処法など、合格に至った一人ひとりの説明をしてくださいました。合格者の顔が見えた感じですごく安心できましたし、「ゴールまで常に伴走していきます」というお言葉をいただけたのがすごく心強かったです。

Oさん：うちの場合は、こちらで学ばれた先輩が面談に立ち合ってくださって。その方が息子と同じように英語が弱かったこと、そこからどう成長して今年合格したかという、実績と経緯を示していただきながらお話を伺いました。それで、息子にはこうやって細かく指導していただけて、仲間と切磋琢磨していける少人数制がいいと思いました。メルリックスは少人数の集団授業と個別指導のどちらにも対応されているのもいいですよね。

●メルリックスで学ぶようになって、お子さまが変わったなと思われるところは？

Oさん：一浪目は予備校に友達もいなくて、孤独に闘っているという印象でした。悪い方悪い方に向いていた、暗くなっていたなと思います。でも二浪目でこちらに通い出してからは明るく、勉強が楽しそうで、生活にハリが出ていると感じました。ベクトルが同じ友達に囲まれて切磋琢磨する環境は大事なのだと痛感しました。浪人生と思えないほど楽しそうに生活していましたから。そこは大きな変化でしたね。そういった様子を見て、本当にメルリックスにやって良かったなと思っていました。

Iさん：一浪目の時よりも、こちらに来てからは勉強が大好きになったというのが大きいです。成績が伸び悩んで暗くなっていたのが嘘のように明るくなり、毎日すごく楽しそうでした。同じゴールへ向かって進む友達の存在が、息子にとっては必要だったのだなと改めて感じました。また、週1回の朝の小テストで順位付けしていただいたことが、息子にとってはモチベーションが上がるきっかけになったように思います。時には最下位をとることもあったのですが、先生が書いてくださるコメントを見て、次に生かせるものを掴めたことも本人には大きかったんだと思います。

●楽しい中にも悩むことはあったでしょうし、お母さまも何かと心配はあったかと思います。

Iさん：メルリックスに来てからは、息子が悩んでいる様子はなかったですね。ただ楽しいって。ささいなことですが、お昼や夕方の休憩といった時間も、友達と話をしたりして楽しいと言っていました。

Oさん：うちも「息子が楽しそうすぎて心配なのですが」と、伊藤さんとのお電話で話したほどでした。

Iさん：正直、メルリックスに入学した当初は、本人はすごく不安を感じていたんのです。ある程度仕上がっている難関校出身者が集まっている中に自分が入っていいのか、劣等感のかたまりでした。途方もないくらい遠い所にゴールがあると思っていました。でもこちらで多くの友達ができ、先生方や伊藤さんを含め、皆さんが助けてくださいました。それで私も安心して見守ることができました。

Oさん：私は心配なことがあると伊藤さんに全部お電話でお話しして、私のメンタルを保っていただいていました。直接電話できる関係性を結んでいただいて、電話しても待つことがないくらいすぐに対応してくださって。毎週のチェックテストの結果を知らせていただけたこともありがたかったです。それによって、今週これだけ頑張ったんだなということがわかり、安心できましたから。

●合格に至るまで、お子さまと接する時に心がけていたことはありますか？

Oさん：息子に電話する時は、成績のことは聞かないようにしていました。振り返ると、現役と一浪の時は私の方がやきもきしていたのです。息子には見せないようにしていましたが、そんな私の胸の内は察していたと思います。心配している空気というのは伝わりますからね。

Iさん：私も、家では受験や勉強のことは一切聞かず、とにかく息子がモチベーションを保てるよう、楽しいことだけを話すようにしていましたね。予備校から帰ってきたら、ただお母さんとして「お疲れさま」と迎えて、また明るく「いってらっしゃい」と送り出す、そう心がけていました。模試などの結果を見てやきもきすることもたくさんあったのですけど、そこは何も言わず、できたところだけを褒めるという風にしていました。

Oさん：私の親に言われたのですが、北海道から大阪に出したことで、あの子はのびのびできたのじゃないかな、自分で考えてやることでいい方に向いたんじゃないかなと。それを聞いて、そうかもしれないなと思いました。ですので、地方の方も、思い切って手放してみるのもいいかもしれません。

●医学部を目指すお子さまをお持ちの親御さまにメッセージをお願いします。

Iさん：うちの場合は、息子が通っていた高校から医学部を目指す子がいなくて、医学部受験の情報が少なかったのです。そういう情報が欲しかったですし、いろいろ情報を集めて対策すること、そして子どもに合う環境を選ぶことの大切さをすごく感じました。

メルリックスに入学し、友達ができたこともそうですし、何より少人数制という適度な集団の中で息子自身、自分の立ち位置がわかったことが良かったです。最終的に関西医科大学入学の景色を見せていただき、今は感謝の気持ちでいっぱいです。

親はそっと見守ることしかできませんが、いつかはゴールできる日が来ます。それが1年先なのか2年先なのか不安に感じるかと思います。でも、一番頑張っているのは子どもです。親御さんも医学部を目指すご本人も、一日一日を大切にし、後悔のないようにしていただきたいです。

Oさん：親は何もできないですけど、ある程度の情報は掻き集めて、子どもに押し付けるのではなく、選択の幅を広げてあげられたらいいかなと思います。メルリックスはブログなどで情報を発信してくださっていたので、遠くても都会に住んでいなくても必要な情報を抽出できて、考える選択肢をいただけたのは大きかったと思うのです。

また、面談の際に、本人に向いている学校を選別して受けないと勝算はないと教えていただいて。やみくもに受けてもダメなのだと気づかされましたし、やはり医学部受験に特化した分析をして指導されている講師の方達で構成されているところは違うな、情報量や経験値の高さが素晴らしいなと思いました。そして在学中は成績や本人の特性に合わせて、的確かつ綿密な指導をしていただけたので、すごく良かったと思っています。

勉強する時はする、息抜きするところはする。メリハリがあって、毎日しっかり通えることも大事ですよね。うちの息子は、メルリックスでまさにそれができていました。成功の鍵は、楽しく学べることじゃないかなと思います。

■合格者喜びの言葉

●メルリックスを選んだ決め手は?

J君：面談の時の雰囲気が良かったからです。勉強はもちろん大事ですが、1年間通して通うので、やはり雰囲気が明るくないとダメかなと。

S君：僕も同じですね。メルリックスは雰囲気が良かったです。

J君：他の予備校の体験授業を受けに行った時は、教務の方は仕事していますという感じで、聞きたいことも聞きづらかったのですが、メルリックスでは逆に向こうから話しかけてくださって。皆さん、すごく話しやすそうな方ばかりでした。それで、体験授業の帰りにはもう「ここやな」と決めました。

S君：僕が見に行った他の予備校も、教務の方は仕事だから話しているという感じでした。でもここは学校感があるというか、フレンドリーな雰囲気で、いても苦じゃない、空気が重くなかった。そこがいいなと思いました。

●印象に残っている先生や授業は?

S君：どの先生にもお世話になったのですが、強いて言うなら数学の松井先生です。僕は数学が苦手だったので、集団授業にプラスして個別も取っていました。その個別授業では、先生に

「この問題をどうやって解く?」と聞かれて、口頭でどういう式を使うかということを答える、つまり解き方を自分で考えられるようにするという練習をしました。単純に問題を解くという計算自体は、落ち着いてやればできることなので。そういうやり方が僕には合っていましたし、それで成績が目に見えて伸びました。

J君：僕は生物の授業で、先生にすごく当てられました。それで毎回、みんなにわかりやすく説明するということをしたおかげで、成績が伸びたと思います。僕は生物の知識はあっても、説明書きをするというのは苦手だったので。先生は生徒をよく見てくださっていて、一人ひとりの特徴を捉えているなと思いました。

●一浪目に通っていた予備校とメルリックスとの違いは?

J君：僕は、一浪目は大手予備校に通っていたのですが、そこでは何をするにも許可証が必要だったり、休憩をするにも自習室だったら30分だけと決まっていたり。また、自習室に100人くらいいるのにすごく静かで、物音を立てたら申し訳ないと感じるほどで、居づらいなと思ったり。いろいろ縛られて窮屈だなと思っていました。

でもメルリックスだとそこまで強制されないですし、しかも何かあったらすぐに相談できる環境でした。そこが大きな違いでしたね。

S君：僕は個別指導の予備校に通っていたんですが、その時は孤独との闘いという感じで、心の持ちようが難しかったです。個別には個別の良さがあって、それが合う人もいると思います。ただ僕の場合は、人と話をしないとダメなのだなと気づきました。メルリックスに来て人と話すようになって、友達もできたことで、心の重みのようなものがなくなりました。

●自分に合った予備校や環境を探している受験生に、メルリックスをおすすめするポイントは？

S君：１００人くらいの集団で授業を受ける予備校では、放っておかれるんじゃないか、自分のことを気に掛ける人なんていないんじゃないかと不安に思う人もいると思います。その点、メルリックスは少人数制なのでそういうことはないですし、この生徒はどこが苦手かといったことも先生が把握してくれています。先生方はもちろん、教務の方も面倒見がいいので、安心して学べると思います。

J君：僕は、勉強する場である予備校でも、友達は必要だと思うのです。１人でやれる人はいいと思いますが、辛い時や悩むこともあるので、僕は友達が１人でも２人でもつくっておいた方がいいと思います。勉強においての友達からの情報って結構大切ですし、わからない問題があっても自分だけじゃないのだと安心できたりしますから。

たとえ話しかける勇気がない人でも、メルリックスなら教務の方が率先して友達になれる雰囲気づくりをしてくれるので安心してください。僕は勉強を頑張ったというより、友達ができて楽しかったから勉強できたと思っています。

S君：僕は、メルリックスにちょっと遅れて入学したこともあって、初めはなかなか打ち解けられなかったのです。でも話しかけてくれる人がいて、気付いたら仲間に入れていました。それがありがたかったですし、メルリックスの雰囲気がそうさせてくれたのかもしれません。

●浪人生だし勉強しないといけないから、友達をつくっている場合じゃないと思っている人もたくさんいると思います。

J君：そうなのです、僕はそう思っていました。でも友達は絶対必要です。しかもここでの友達は、楽しくしながらも基本みんな真面目で、やる時はやるという感じなのも良かった。

S君：本当に友達は大事だと思います。僕の場合は、友達がいないと何もできないです。つらい受験生活を耐える意味でも支え合う友人の有難さを感じた1年でした。

メルリックス学院大阪校　伊藤靖子《いとうやすこ》教務マネージャーに医学部予備校の教務の真髄、やりがいについて語っていただきました。

●この仕事を始めるきっかけは何でした?

◎最初に医学部予備校で働き始めたのは、ちょうど子どもが小学校に上がったタイミングでした。メルリックス学院大阪校の前身である医学部予備校で理事長をやってらっしゃった方が、母の昔の同級生で、そのご縁でお手伝いさせていただくことになりました。

それまで医学部や医師の世界とは全く無縁の生活だったので、働き始めると一種のカルチャーショックを受けました。やっぱりお医者さんのお子さんが多いし、自分とは考え方も育ってきた環境も違うしで、自分の子どもが可哀相だなと思うぐらいでした(笑)。

でも、この子もこの子たちなりに抱えているものがたくさんあるのだな、ということが、だんだんとわかってきて、このお仕事の楽しさや奥深さを感じるようになりました。

●医学部専門予備校のスタッフとして働いていて、日々感じることはありますか。

◎プレッシャーが半端ないですね。親からスタッフへのプレッシャーはもちろんですが、親から子へのプレッシャーが大きいな、と感じています。医学部専門予備校だからか、医師家系の生徒が圧倒的に多いのですが、そういった生徒は何が何でも医学部に合格しないといけない、という気持ちがすごく強いのです。それがまた自分で自分にプレッシャーをかけることにもなるのですが。また保護者様からしても医学部に合格させなければ、という気持ちが強く、生徒はこの受験が近づくにつれ、大きくなるプレッシャーに打ち勝たなければならないのだなと常に感じています。

●また「大手予備校」とメルリックス学院の違いは何でしょうか?

◎医学部予備校と大手予備校の一番違うところは、やっぱり「情報」じゃないでしょうか。昔は医学部予備校といえば、情報と面倒見の良さが売りでしたが、今は大手予備校の面倒見を売りにしていらっしゃいますからね。

先日、面談した方もおっしゃっていましたが、他の医学部予備校にも行ったけど「メルリックスは情報量が違う」と。「ここまで詳しく話してくださる予備校はない」と度々、言われると、そうなのかなと思います。その方は、メルリックスが出している『私立医歯学部受験攻略ガイド』も毎年買ってくださっていて、他の受験情報誌と比べても、これが一番見やすくてわかりやすい、詳しいと。

もちろん大手予備校にも詳しい方はいらっしゃると思いますが、実際に話を聞きに行って、その詳しい方にたまたま当たるとは限らないですよね。

たとえば大きな病院に行くと、どのお医者さんに当たるかはわからない。たまたまものすごい名医に当たるかもしれないし、研修が終わったばかりの若手に当たるかもしれない。それに似ている気がします。その点、メルリックスは私も含めて、顔が見える人間が話を聞かせていただくので、安心感というか信頼感があると思います。

また、このお仕事をしていると、他の予備校に通っていた生徒も来ます。それは他の予備校も同じだと思いますが。実は生徒の話を聞いて一番驚くのが、受験校を決めることですね。今はどこの予備校も担任がいると思いますが、同じ偏差値帯の生徒には同じ大学を勧めることも珍しくないと聞いて驚きました。偏差値で輪切りにしたような進路指導をしているところがまだまだあるのだなと。メルリックス学院では生徒によって違う受験校を勧めるのは当たり前で、むしろ同じ受験校になることはほとんどないと思います。

たとえば「狙い目」とされる医学部がありますよね。今だと、川崎医科大学や金沢医科大学がそうでしょうか。でも、どうしても川崎医科大学の数学が全然解けないとか、金沢医科大学の問題が全く合わないといった生徒はいるので、そういう場合は講師とも相談してその大学は受験校から外します。

英語が得意だからこの医学部を受けた方がいいとか、数学が苦手だとここは外した方がいいとか、大学ごとに問題の傾向や科目の難易度は違うので、そこは最終的には講師と意見をすり合わせて受験校を決めていきます。その基になるのは、やっぱり先にもお話させていただいた「情報」だと思います。11月から12月にかけて生徒の受験校のパターンをあれこれ試案しながら、考えるのは正に「だるまの眼を墨で黒く塗る」楽しさがあります。

●15年の間で生徒に変化はありましたか。

◎そうですね。少しずつ変わっていったのだろうな、とは思いますね。でもやはりコロナという一つの境があるように思います。友達や親とコミュニケーションをとる機会を制限された生徒たちが多く、自分の言葉で伝えることが苦手な生徒が増えました。これをしたい、がなかなか言えない。でもだからといって放っておいていいわけじゃない。だから、常に生徒のことは気にしています。日々の表情の変化を見守り、必ず一声かけたり。そこから、どうしたいのかを聞き出したりして、必要なものを考える。それが私たちの仕事の一つだと思います。

●伊藤教務マネージャーの観察力にはいつも頭が上がらない思いなのですが、働くときのモットーというか、大切にしていることはありますか。

◎生徒が求めるもの、保護者様が求めるものを第一に考えています。先ほども言いましたが、自分の意見を言える生徒が減り、その代わり保護者の方が代弁する、ということが増えました。でも、必ずしもそれが本人の希望ではなく、ご両親の希望だったりもするのです。授業に関する相談や受験校選びの時など、実は保護者の方がそうして欲しい、というのが意外とあるのです。じゃあ、本人はそれでいいのか、というと、よくよく話を聞いてみるとそうじゃない部分もある、だから私たちはその間に入り、お互いが納得できるようきちんと話し合いの場を設けます。

●腹を割って話す、ということですね。でもそれって、信頼関係がないと難しいですよね。

◎まさにその通りだと思います。何にも知らない人間が急に間に入っていっても完全なる「部外者」なんです。だからこそ、常に生徒を見るということが大切なのです。日ごろから生徒の頑張っているところ、まだ頑張らなければならにところを把握できるように心がけています。そのためには日々のテストの結果やコメント、模試の結果、そして先生との情報共有が不可欠です。

それに加えて、生徒とのコミュニケーション。「数学、調子いいね」「英単語、覚えた？」などの声掛けから始まり、「授業ついていくのがしんどいと思っているなら、スポットで個別入れる？」など、生徒が必要としていることを聞き出します。自分の子どものことをよく見ている、いいところも頑張らなければならないところも話せる、メルリックス学院での様子も隠さずきちんと話せる、生徒一人ひとりにきちんと関心をもって接している、そういう人間だからこそ信頼してもらえるのかなと感じています。

●受験はいわば勝負事で、必ずしもいい結果ばかりがでるわけじゃないですよね。なかなか結果が出ない生徒にはどう接していますか。

◎まず、結果が出ないとメルリックスに来なくなります。もしくは自習に来ても、事務局に近づかなくなります。もう負のオーラが出てしまうんです。1年間、あるいはそれ以上の期間頑張って努力してきたのに結果が出ないって、だれでも精神的にキツいですよ。特に最近の生徒はメンタルの部分であまり強くない。でも「来ないから何もできない。だから何もしない」ではだめなのです。メルリックス学院のスタッフはそういう時こそきちんと生徒と話し合います。鬼電でもメールでも何でもして、時には保護者の方に連絡して、繋げてもらうこともあります。今までの入試がどうだったのか。何ができて、何ができなかったのか。次の入試までにレベルアップするために何が必要なのかを考えさせ、やらせる。それも私たちがしなければならない事の一つです。それは受験というものが最後まで何が起こるかわからないと知っているからです。だから最後まで頑張らせなければならないのです。

●この仕事をする上でのやりがいは何ですか。

◎やっぱり人の成長が見られることです。これにつきますね。成績が伸びるのもそうですが、夏ぐらいまでのらりくらりやっていた生徒が、学校推薦型入試で合格できず、目を覚まして、一心不乱に勉強に励んで後期試験で合格する。些細なことがきっかけで浪人4年目にしてようやく本気モードになる、なんてマンガのようなことが本当に起きる世界だな、と感じています。教務というのはトータルアドバイザーみたいな存在です。

先生方ももちろん日々生徒のことを細かく見てくださっていますが、やっぱり自分の担当している教科・科目を見ているので、トータルで全部を見ることができる人が必要です。

そのトータルという言葉の中には、各科目の学力だけでなく、その子の性格や家庭環境、これまでの学習環境や今の状態など、すべてが入ります。

今、関西医科大学に通っているウチのSS（スタディサポーター）で、浪人の途中から面倒を見るようになった子がいるのですけど、最初は予備校に来ることもできませんでした。とにかく朝起きられなくて、昼頃からぽちぽち顔を見せるような子で、本当にこれで医学部に受かるのかと心配になるような子でした。

それを何とか朝から来させて、受付のカウンターで勉強してもらって「これだけやったら帰りぃ」と励まして、本当に大変でしたけど、今は立派に関西医科大学に通っています。そんな「できん坊主」がこれまでにもいっぱいいたのですけど、皆それぞれにドラマがありました。どんな生徒も自分のペースで階段を上って行く、その様子を見ている時が一番楽しいし、やりがいを感じます。

かつての生徒たちのことは、今どうしているかなあと思い出します。毎年、医師国家試験のシーズンになると「今年はあの子らの代やな」と思います。毎年、国家試験に受かると皆が連絡をくれるので、それが本当に嬉しいですね。

●「理想の予備校」に近づけるために日頃から考えられていることは

◎今のメルリックス学院はある意味、理想の予備校に近づいてきていると思います。良い講師がそろっていて、協力してくれるスタッフもたくさんいて、どんなにできない生徒のことも諦めずに見てくれて、その生徒に合わせた教材や方法を工夫してくれています。

先生方に推薦や一般の予想問題プレテストの作成をお願いしますと言うと、本当によく研究された物を作っていただけますし、問題が公表されていない関西医科大学や兵庫医科大学の学校推薦型選抜入試における合格実績につながっていると思います。先生方には本当に感謝しかないです。それから保護者の方が自分のお子さんを心配する気持ちもよくわかるのですが、あまり干渉しすぎるのも良くないのですね。過干渉が良くないというのは、医学部受験においてよく言われていると思うのですけど、生徒さん本人にあれこれ聞くぐらいなら、メルリックスに電話してきてくださいとお願いしています。なるべく生徒には勉強に集中させてあげたいし、でも心配する保護者の気持ちにも応えていきたいと思います。

あとがき

医学部の先生方とお話していると いつも耳にすることは「とにかく継続して歩みを絶やさず勉学に励んで欲しいし、そんな学生さんに入学してきて欲しい」ということです。

世間では医学部は非常に難関で頭がよくないと合格できません。一定以上の自頭が必要ですと言われることが往々にしてありますが、この本で述べてきたようにそんなことは決してありません。

①自分を信じて継続して努力をしてきた。
②プロの指導者の言うことにはしっかりと耳を傾ける
③自分にとって正しい情報を早く正確にとること

このことを合格された方々は共通して皆さんがおっしゃっている事実です。このことは、医学部に入学されてからも間違いなく必須な素養です。

国家試験に何年も合格できない方々に共通するのは「自分のやり方に執着し続ける余り、他人のアドバイスに耳を貸せなくなること。その結果、孤立していき、泥沼にはまる」のです。入学試験の成績が良い人、自信家に多い現象とのことです。一理ついていると思います。

人それぞれ置かれた環境が異なるように、なるべく多くの方々に参考になるよう意識して執筆してきたつもりです。この本を足掛かりにして読者の方々がご自身にあった「医学部合格法」を見つける「道標」になることを願ってやみません。

【巻末資料】1980年代前半と2024年度の私立大学医学部の偏差値比較

偏差値	1980年代	2024年度
70以上	慶應義塾	慶應義塾　東京慈恵会 日本医科　順天堂
67.5〜69.9	自治医科	東北医科薬科(A・B) 自治医科　昭和 東京医科　大阪医科薬科　東邦 関西医科 産業医科
65.0〜67.4		東北医科薬科(一般)　国際医療福祉 東海(A方式) 日本(NI期) 藤田医科　近畿(前A)
62.5〜64.9	日本医科　東京慈恵会　東京医科 大阪医科　日本大	岩手医科　獨協医科　杏林　帝京 埼玉医科　北里　聖マリアンナ医科 愛知医科　兵庫医科(A・B) 金沢医科　久留米 福岡
60.0〜62.4	昭和　関西医科　東邦 岩手医科　東京女子医科　久留米	東京女子医科　川崎医科
50.0〜59.9	近畿　順天堂　福岡　東海 兵庫医科　川崎医科　北里 獨協医科　藤田保健衛生 聖マリアンナ医科　杏林　帝京	
〜49.9	埼玉医科　愛知医科　金沢医科	

【著者紹介】
佐藤 正憲（さとう・まさのり）

1971 年　愛知県名古屋市生まれ。
1990 年 3 月　愛知県立旭丘高校卒業。
1995 年 3 月　名古屋大学法学部法律学科卒業。
1995 年 4 月　日本生命保険相互会社入社。
2001 年 9 月　家庭教師・学参に入社し、中部圏統括マネージャーなどを歴任。
2018 年 1 月　株式会社中央出版主催 KTC 杯営業コンテストに入賞。
2018 年 3 月　メルリックス学院大阪校代表として赴任し、家庭教師・学参顧問に就任。
2020 年 2 月　大阪医学部予備校ロゴスを吸収合併。
2020 年 2 月　メルリックス学院名古屋校代表に就任。株式会社 DDP を吸収合併。
2022 年 6 月　メルリックス学院渋谷校代表に就任。

あなただけの医学部合格への道標
初版　1刷発行　●2024年　2月　10日

著　者
佐藤 正憲

発行者
薗部 良徳

発行所
㈱産学社
〒101-0051 東京都千代田区神田神保町3-10　宝栄ビル
Tel.03（6272）9313　Fax.03（3515）3660
http://sangakusha.jp/

印刷所
㈱ティーケー出版印刷

ISBN978-4-7825-3591-2 C7037